大展好書　好書大展

品嘗好書　冠群可期

大展好書　好書大展

品嘗好書　冠群可期

武學名家典籍校注 8

孫祿堂八卦拳學

孫祿堂 著
孫婉容 校注

大展出版社有限公司

民國十七年三月三版

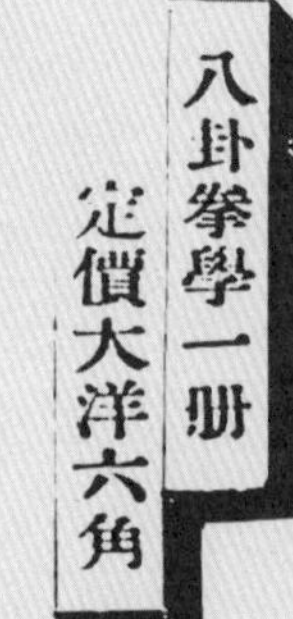
八卦拳學一冊
定價大洋六角

編纂者
校閱者

蒲陽 孫福全 冀縣 李文彪
武清 周　祥 深縣 程有龍
任邱 郝恩光 深縣 馮俊義
任邱 黃柏年 深縣 馮俊義
河間 王俊臣 直隸 韓金鏞
定興 李耀亭 山東 鄧龍江
深縣 李文華 河間 趙清榮
直隸 董其全 直隸 王清和
直隸 朱文豹

一代宗師孫祿堂

一代宗師孫祿堂

孫祿堂（一八六〇年十二月—一九三三年十二月），諱福全，晚號涵齋，河北省完縣人，是清末民初蜚聲海內外的儒武宗師，有「虎頭少保」「天下第一手」及「武聖」之稱譽。

孫祿堂從師形意拳名家李魁垣，藝成被薦至郭雲深大師處深造。之後又承武林大家程廷華、郝為楨親授，並得宋世榮、車毅齋、白西園等多位武林前輩的認可點拔。

郭雲深喜而驚歎曰：「能得此子，乃形意拳之幸也！」

程廷華贊曰：「吾授徒數百，從未有天資聰慧復能專心潛學如弟者。」

郝為楨嘆服：「異哉！吾一言而子已通悟，勝專習數十年者。」

孫祿堂南北訪賢，得多位學者、高僧、隱士、道人指點，視野廣開，尤其在《易經》、儒釋道哲理、內丹功法方面，收益奇豐。孫祿堂精通形意拳、八卦拳、太極拳三拳，他以《易經》為宗旨，融會古今，打通內外，提出「三拳形雖不同，其理則一」的武學理念。孫祿堂已出版《形意拳學》《八卦拳學》《太極拳學》《八卦劍學》《拳意述真》五本武學經典。

孫祿堂創建的「孫氏太極拳」，在國術史上首次提出及印證了「拳與道合」這一經典命題，是太極拳發展史上的一座里程碑。

孫祿堂第一個提出：在文化領域裡，武學與文學，具有等同的價值；又率先提出「國術統一」的思想，這在當時中國武術界引發了極大的反響。

孫祿堂集武學、文學、書法、哲學、教育學、社會學等多科學問於一身，武有成，文有養，是文武共舞共融的實踐者。

中年時攝於北京絨線胡同旗守衛寓所

老年時攝於上海半淞園

郭雲深為助孫祿堂探《易》修拳，薦其赴京都從師程廷華修習八卦拳。程公乃最著名的八卦拳大宗師董海川的八大弟子之一，功夫已近董公。程公慧眼，喜其德藝非凡，相遇甚感投緣，悉數親授之，拳術技理、劍棍、點穴、輕功絕技等，孫受益匪淺。程公贊曰：「弟生有宿慧始能達此！」「余意，汝之技，黃河南北已無敵手，祿堂前途珍重，可去矣！行矣！」並與郭公同識同語：「此子，真能不辱其師。」

鷂子鑽天——

右手往裏極力裹勁上穿，左手望著右胯穿下，上下一齊皆到極處。

青龍縮尾——

兩足後跟外扭，兩膝相離似挨未挨，此式是內開外合之意。

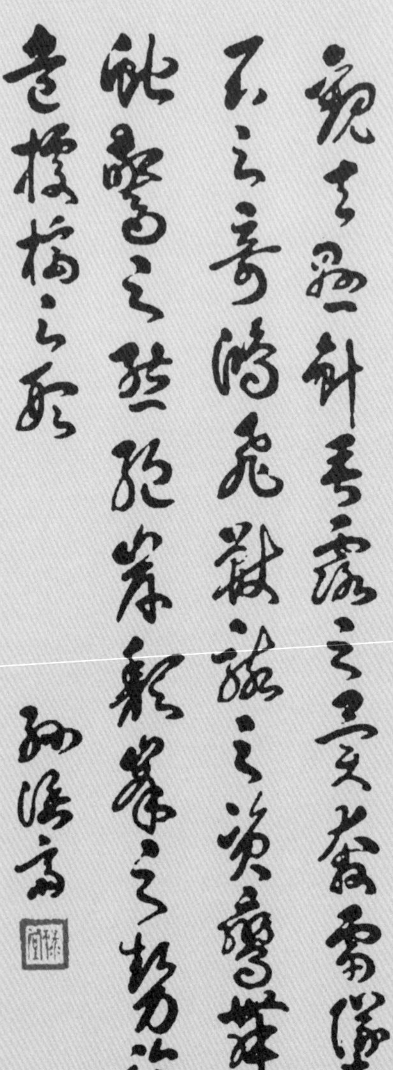

觀夫懸針垂露之異，奔雷墜石之奇
鴻飛獸駭之資，鸞舞蛇驚之態
絕岸頹峰之勢，臨危據槁之形

出版人語

武術作為中華民族文化的重要載體，集合了傳統文化中哲學、天文、地理、兵法、中醫、經絡、心理等學科精髓，它對人與自然和諧共生關係的獨到闡釋，它的技擊方法和養生理念，在中華浩如煙海的文化典籍中獨放異彩。

隨著學術界對中華武學的日益重視，北京科學技術出版社應國內外研究者對武學典籍的迫切需求，於二〇一五年決策組建了「人文·武術圖書事業部」，而該部成立伊始的主要任務之一，就是編纂出版「武學名家典籍」系列叢書。

入選本套叢書的作者，基本界定為民國以降的武術技擊家、武術理論家及武術活動家，而之所以會有這個界定，是因為民國時期的武術，在中國武術的

發展史上占據著重要的位置。在這個時期，中、西文化日漸交流與融合，傳統武術從形式到內容，從理論到實踐，都發生了巨大的變化，這種變化，深刻干預了近現代中國武術的走向。

這一時期，在各自領域「獨成一家」的許多武術人，之所以被稱為「名人」，是因為他們的武學思想及實踐，對當時及現世武術的影響深遠，甚至成為近一百年來武學研究者辨識方向的座標。這些人的「名」，名在有武術的真才實學，名在對後世武術傳承永不磨滅的貢獻。他們的各種武學著作堪稱為「名著」，是中華傳統武學文化極其珍貴的經典史料，具有很高的文物價值、史料價值和學術價值。

首批推出的「武學名家典籍」校注第一輯，將以當世最有影響力的太極拳為主要內容，收入了著名楊式太極拳家楊澄甫先生的《太極拳使用法》、《太極拳體用全書》；武學教育家陳微明先生的《太極拳術》《太極劍》《太極答問》；一代武學大家孫祿堂先生的《形意拳學》《八卦拳學》《太極拳學》

《八卦劍學》《拳意述真》。民國時期的太極拳著作，在整個太極拳發展史上占有舉足輕重的地位。當時太極拳著作，正處在從傳統的手抄本形式向現代著作出版形式完成過渡的時期；同時也是傳統太極拳向現代太極拳過渡的關鍵時期。這一歷史時期的太極拳著作，不僅忠實地記載了太極拳架的衍變和最終定型，而且還構建了較為完備的太極拳技術和理論體系，而孫祿堂先生的武學著作及體現的武學理念，特別是他首先提出的「拳與道合」思想，更是使中國武學產生了質的昇華。

這些名著及其作者，在當時那個年代已具有廣泛的影響力，而時隔近百年之後，它們對於現階段的拳學研究依然具有指導作用，依然被太極拳研究者、愛好者奉為宗師，奉為經典。對其多方位、多層面地系統研究，是我們今天深入認識傳統武學價值，更好地繼承、發展、弘揚民族文化的一項重要內容。

本叢書由國內外著名專家或原書作者的後人以規範的要求對原文進行點校、注釋和導讀，梳理過程中尊重大師原作，力求經得起廣大讀者的推敲和時間的考驗，再現經典。

「武學名家典籍」校注，將是一個展現名家、研究名家的平台，我們希望，隨著本叢書第一輯、第二輯、第三輯……的陸續出版，中國近現代武術的整體風貌，會逐漸展現在每一位讀者的面前；我們更希望，每一位讀者，把您心儀的武術家推薦給我們，把您知道的武學典籍介紹給我們，把您研讀詮釋這些武術家及其武學典籍的心得體會告訴我們。我們相信，「武學名家典籍」校注這個平台，在廣大武學愛好者、研究者和我們這些出版人的共同努力下，會越辦越好。

八卦拳學

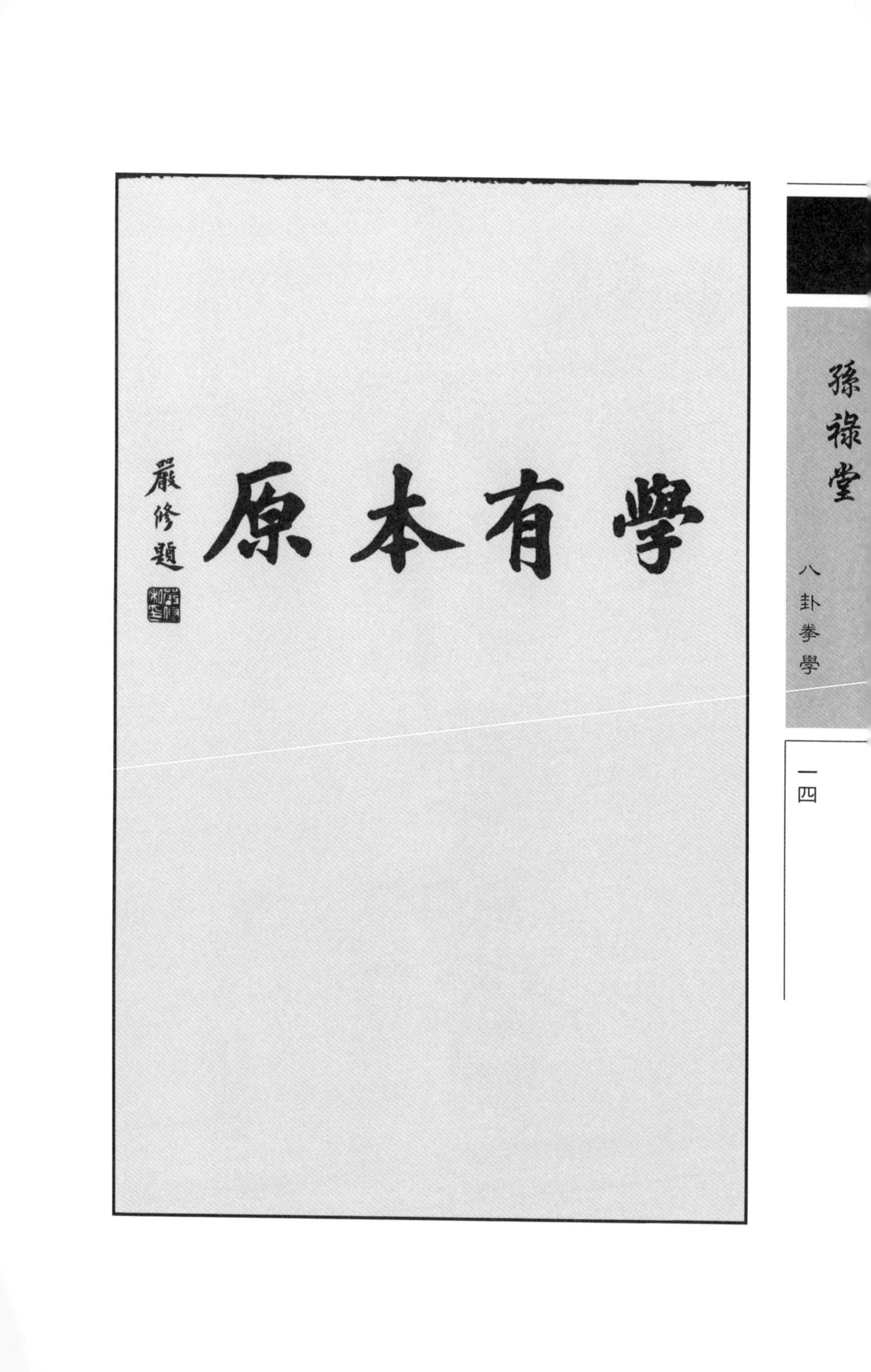

學有本原

嚴修題

序一

余讀孫祿堂先生《形意拳學》，見其論理精微，因往訪之，先生欣然延見。縱談形意拳之善，並授以入手之法，言形意逆運先天自然之氣，《中庸》所謂致中和，《孟子》所謂直養而無害，皆此氣也。

今內家拳法惟太極、八卦、形意三派，各不相謀，余三十年之功乃合而一之。蓋內家之技擊也，必求其中。太極空中也，八卦變中也，形意直中也，中則自立不敗之地，偏者遇之靡不挫矣。

形意攻人之堅而不攻人之瑕，八卦縱橫矯變，太極渾然無間，隨其來體不離不拒而應之以中，吾致柔之極，持臂如嬰兒，忽然用之，彼雖賁育無所施其勇，雖萬鈞之力皆化為無力。雖然習此者，非欲以藝勝人也，志士仁人養其浩然之氣，志之所期，力足赴之，如是而已。於戲①，由是言之，則古昔聖王堯、舜、禹、湯、文、武，相傳精一執中之道，不求勝天下，而天下莫能勝之者，其猶此理也，與《莊子》曰：「道也進乎技矣。」吾聞孫先生之言，益信聖人中庸之道不可易。

先生為人豪直，與人無舊新，必吐其蓄積不自吝惜，曰：「吾言雖詳且盡，猶慮能解者百人中無一二人，吾懼此術之絕其傳也。」今先生復撰《八卦拳學》，揚州吳君心穀以書來屬②余為序，因以所聞於先生者略述於右，未能究宣其意萬一也。

蘄水陳曾則書於明聖湖之洗心閣

【注釋】

①於戲：音ㄨ ㄏㄨ，同「嗚呼」，感歎詞。

②屬：音ㄓㄨˇ，通「囑」。後同，不另注。

序 二

蒲陽孫先生祿堂曩著《形意拳學》一書，余受而讀之，深服先生用力之勤，而於力氣一道，純任自然，合乎中庸之極，則殆內家之上乘也。今夏復以《八卦拳學》見示，兢兢以實行體育保護身體為宗旨，其造福社會已屬難能可貴，而細繹八卦拳學之意義，則在化後天之力，運先天之氣，體柔用剛，變化無窮，與義經①消息盈虛之理、變化順逆之方息息相通，技也而進於道矣。形上形下一以貫之，知先生固非徒以技擊擅長也。

顧吾慨夫吾國拳學之失傳也久矣。自太史公傳遊俠而不詳其致力之途，雖李唐崛興，此風丕盛，然亦不過歷史之紀②載已耳。

明清之交，如張三峯，如單思南，如王征南輩，精悍絕倫，凌鑠南北，然能筆之著述傳之其人者，闃③焉無聞，此拳學所以式微也。

今先生以振靡起衰為己任，著書傳世，不秘其術，其殷殷誘掖之心，誠自古以來所罕見也。爰於付梓之初，敬書數語以遺之，先生其許為知言否耶？

民國五年七月學生吳心穀序

【注釋】

①羲經：即《易經》，相傳伏羲始作八卦，故名「羲經」，又稱《周易》。

②紀：通「記」。

③闃：音ㄑㄩˋ，寂靜無人。

自序

易之為用，廣大精微，上自內聖外王之學，下迨名物象數之繁，舉莫能外①，而於修身治己之術尤為詳盡②。乾文云：「天行健，君子以自強不息。」③然健也，自強也，非虛無杳冥而無可朕兆也④。余自幼年即研究拳術，每欲闡《易》之義蘊⑤，一一形之於拳術，如是者有年。

嗣來京，獲見程先生廷華，始知有「八卦拳」，因從而受業焉。拳式始於無極⑥，終於八卦⑦，中分兩儀、四象⑧，先天、後天⑨、縮力、順行⑩，正變錯互⑪，無不俱備。然後知易之為用之廣大精微也。但程先生只憑口授，未著專書。余恐久而失其傳也，爰不辭固陋，每式繪之以圖，並於各式後附以淺說，非敢自矜一得，亦聊以廣先生之傳已耳。

八卦拳不知創於何時何人，聞有董海川先生者，精技擊，好遨遊。嘗涉跡江皖間，遇一異人，傳以此技⑫。後董先生傳之程先生廷華、李先生存義、尹先生福、馬先生維祺、魏先生吉、宋先生永祥、宋先生長榮、劉先生鳳春、梁先生振普、張先生占魁、史先生六、王先生立德。自是而後，尹先生復傳之馬桂等；李先生傳之尚雲祥、李文豹、趙雲龍、郝恩光、郭永祿、黃栢年、李海亭、耀亭兄弟等；張先生傳之王俊臣、韓金鏞等。余與張玉魁、韓奇英、馮俊義、閻齡峰、周祥、李漢章、李文彪、秦成等，則皆親炙程先生之門者。縷覼述之⑬，以示不忘所自也。

中華民國五年十一月直隸完縣孫福全序

【注釋】

①易之為用……舉莫能外：謂《周易》之用，至大至精。其高上包括聖王的學理，其低下則至於象數的繁瑣，無所不包。內聖外王：謂以《周易》求其內心，可以為聖人。若以《周易》治天下，則可以為王者。

②而於……詳盡：是引申「內聖」而言，修身治（持）己，所以寡過。

《論語》：「假我數年，卒以學易，可以無大過矣。」

③天行健，君子以自強不息：《周易・乾卦》謂乾卦有剛健之象，乾以象天，天行剛健，若占得此卦，宜自強不息。

④然健也……可朕兆也：健也，自強也，都不是虛幻而無實際的。朕兆：謂有象徵可指，跡象可尋。

⑤闡《易》之義蘊：謂闡發《周易》內含的深義。

⑥拳式始於無極：謂八卦拳從無極開始。《太極拳學》第一章曰：「無極者，當人未練拳術之初，心無所思，意無所動，目無所視，手足無舞蹈，身體無動作，陰陽未判，清濁未分，混混噩噩，一氣渾然者也。」

⑦終於八卦：謂八卦拳落腳點在於八卦，即乾、坎、艮、震、巽、離、坤、兌。

⑧兩儀、四象：兩儀，指天地；四象，指太陰、太陽、少陰、少陽。

⑨先天、後天：八卦拳有先天八卦與後天八卦之分。本書第十八章曰：

「先天八卦，一氣循環，渾然天理從太極中流出，乃眞體（原注：眞體者即丹田生物之元氣，亦吾拳中之橫拳也）未破之事。後天八卦，分陰分陽，有善有惡（原注：善者，拳中氣式之順也。惡者，拳中氣式之悖也），在造化中變動，乃眞體已虧之事。」

⑩縮力、順行：《八卦拳學》第四章說：「順者，手足順其自然，往前伸也；逆者，氣力往回縮也。」可知「縮力」即退回的勁。在此退勁中，包括順其自然往前伸展，是謂之「逆中行順」。同樣道理，在自然向前伸展中，也包括向後退縮的勁，是謂之「順中用逆」。逆即退縮之意。

⑪正變錯互：謂八卦拳法有正有變，互相交錯。

⑫八卦拳……此技：謂八卦拳的創始人不知其詳，僅傳聞由董海川先生遨遊江皖間得一異人傳授。

⑬縷覶述之：縷覶，音ㄌㄩˇ ㄌㄨㄛˊ，亦作覶縷，謂詳述，或指事情的原委。此句猶言逐條詳盡地陳述。

凡例

⊙是編為修身而作，取象於數理，立體於卦形，命名於拳術，謂之遊身八卦連環掌。內藏十八蹚羅漢拳，兼有七十二截腿、七十二暗腳。至於點穴、劍術、各樣兵器，均於拳內含藏。以上諸法，皆以實行體育，強壯筋骨，保護身體為正宗。

⊙是編標舉八卦拳生化之道，提綱挈領，條目井然。其次序，首自虛無式而起，至太極形式，此二者為八卦拳之基礎。由無極形式說起，以至於神化不測之功用學終，是為全編條目。內中起點，進退伸縮，變化諸法，一一詳載。操練時，凡一動一靜，按此定法，不使錯亂。則此拳之全體大用，神化妙用之功，庶幾有得，可為世道用行舍藏之大用矣。

⊙是編粗淺之言，以明拳術極深之理；簡約之式，能通拳法至妙之道。

⊙拳中數形，不過作為萬物之綱領，若能熟習，則縱横聯絡，全體一致，不惟取數形數式習之則已也。朱子云：蓋人心之靈，莫不有知，而天下之物，莫不有理，惟於理有未窮，故其知有不盡也。是以拳術始教，即凡全體之式，萬物之形，莫不由於數式數形而時習之，以求至乎其極，至於用力之久，而一旦豁然貫通焉，則萬物之中，目有所見，心有所感，皆能效法彼之性能，而為我用矣。

⊙八卦拳術，不外易數方圓二圖之理，昔武侯作八陣圖，其中氤氳變化，奧妙莫測，其實不過以巨石為之，八八成行六十四堆而已。拳術中之精微奧妙，其變無窮，有神化不測之機，亦不過以數式數形，縱横聯絡變化而已，溯其源，皆出於河洛理數之原也。

⊙是編為體操而作，只敘八卦拳之實益議論，但取粗俗易明，原非等於詞賦文章，固不得以文理拘也。

⊙是編除各式之指點外，其他一切引證，均與道理相合，迥非怪力亂神之談，學者不得以異端目之。

⊙是編發明此拳之性旨，純以養正氣為宗旨，固非異端邪術諸書所可比倫，今將八卦拳始末諸法，貫為全編，使學者一閱了然。

⊙體操門類繁多，惟八卦拳練習極易，用法最良，係行天地自然之理，運用一派純正之氣，無論男女婦孺，及年近半百，皆可練習，一無曲腿折腰之苦，二無皮肉磨挫之勞，且不必短服窄袖，隨便常服均可練習，此誠武技中儒雅之事也。

⊙此拳不僅便於個人獨習，若人數眾多，或三五人同一圈習，或數十人同而習之，或數百人亦可分數圈而習之，再多亦均無不可。

⊙此八卦拳術，關係全體精神，而能卻病延年，又不僅於習拳已也。

⊙是編每一式各附一圖，使八卦拳之原理及其性質，切實發明，用以達八卦拳之精神，能力巧妙，因知各拳各式互相聯絡，總合而為一體，終非散式

也。

⊙附圖，有電照，有畫形，使學者可以入手，按像模仿，實力作去，久則義理自見，奇效必彰，固非虛語也。

八卦拳學　目錄①

【注釋】

①目錄：原書有章節名稱與目錄不統一、節名稱缺失、混亂等情況，在簡體版中按目錄予以理順、補全。後不另注。

②練：原文此處「練」應作「煉」。「煉精化氣、煉氣化神、煉神返虛、煉虛合道」等為內丹術語，皆應作「煉」。後同，不另注。

第一章　形體名稱說

古者包犧氏之王天下也①，仰觀象於天②，俯觀法於地③，觀鳥獸之文④，與地之宜⑤，近取諸身⑥，遠取諸物⑦，於是始作八卦⑧，以通神明之德⑨，以類萬物之情⑩。是以八卦取象命名，製成拳術⑪。

【注釋】

①包犧氏：即伏義氏，傳說中原始社會人物。王：稱王，治理。此句的意思是，古時包犧氏治理天下之道。

②仰觀象於天：上則觀察天上日月星辰的現象。

③俯觀法於地：下則觀察大地高下卑顯種種的法則。

④觀鳥獸之文：觀察鳥獸羽毛的紋理。

⑤與地之宜：地之宜謂植物也。植物生於地上各有其宜，故曰地之宜。在這裡也泛指山川水土的地利。

⑥近取諸身：近的取象於人的一身。

⑦遠取諸物：遠的取象於宇宙萬物。

⑧於是始作八卦：於是創作（畫）出八卦。

⑨以通神明之德：通，會而通之也。神，妙也。明，顯也。德，性質也。意思是，包犧氏畫八卦，對性質有相同點之物，則以同一卦形代表之，以會通天地萬物之神妙明顯之性質。

⑩以類萬物之情：類，分類也。情，情況也。包犧氏畫八卦對情況不同之物，則以不同之卦形代表之，以區分天地萬物之情況。

《八卦拳學》第一章開頭這段文字，引自《周易・繫辭下傳》第二章。總體意思是：古時包犧氏畫八卦時，觀察天象、地法、鳥獸、草木、人身、器物等宇宙萬物，分析、綜合分為八類，畫八卦「八個符號」以象之，以會通天地萬物之神妙明顯之性質，以區分萬物之情況。

⑪ 以八卦取象命名，製成拳術：八卦拳是按《周易》八卦取象命名創成的拳術。

近取諸身言之，則頭為乾，腹為坤，足為震，股為巽，耳為坎，目為離，手為艮，口為兌①。若在拳中，則頭為乾，腹為坤，腎為坎，心為離，尾閭第一節至第七節大椎為巽，項上大椎為艮，腹左為震，腹右為兌，此身體八卦之名也②。

自四肢言之，腹為無極③，臍為太極④，兩腎為兩儀⑤，兩胳膊、兩腿為四象⑥，兩胳膊、兩腿各兩節為八卦⑦。

兩手兩足共二十指也，以手足四拇指皆是兩節，共合八節；其餘十六指，每指皆三節，共合四十八節；加兩胳膊、兩腿八節，與四大拇指八節，共合六十四節，合六十四卦也⑧。

此謂無極生太極，太極生兩儀，兩儀生四象，四象生八卦，八八生六十四卦之數也。此四肢八卦之名稱。以上近取諸身也⑨。

【注釋】

①近取諸身言之……口為兌：這段文字引自《周易・說卦傳》第九章，意思是：乾有頭的象徵。乾為天。天尊，為宇宙之最上部分；首貴，為人身之最上部分，故頭為乾。坤有腹的象徵。坤為地。地柔，載藏萬物，腹柔，載藏食物，故腹為坤。震陽在下，有腳的象徵。震，動也。足主行動，故足為震。巽有股（大腿）的象徵。巽為木。股似木幹，故股為巽。坎為耳的象徵。坎，陷也，窪坑也。耳是頭部之窪坑，故耳為坎（次）。離為目（眼）的象徵。離為火，為日，為明。目之明能視物，故目為離。艮為手的象徵。艮為山。山有峰。手之掌與指似山峰，故手為艮。兌為口的象徵。兌為澤。澤之在地如口之在身，澤吞吐河流如口吞吐飲食，故口為兌。這是八卦引申為人身之象，《周易・繫辭下傳》所謂「近取諸身」，此即其一。

②若在拳中……此身體八卦之名也：是說若在拳中，就人體的頭部與軀幹而言，則頭象徵乾，腹象徵坤，臀象徵坎，心象徵離，尾閭第一節至第七節大椎象徵巽，項上大椎象徵艮，腹左象徵震，腹右象徵兌。這是八卦引申為人體頭部和軀幹內外之象。

③腹為無極：無極，指無形無象的宇宙原始狀態。《老子・二十八章》：「復歸於無極。」《莊子・在宥》：「入無窮之門，以遊無極之野。」《列子・湯問》：「物之終始，初無極矣。」北宋周敦頤在其《太極圖說》中提出「無極而太極」「太極本無極」等說，有「有生於無」之意。後來宋儒一般都認為，太極就是世界的本原；還有人認為，無極就是太極。

本書中「無極」一詞是「有生於無」「無極生太極」之意，並按傳統理論認為人體形成過程也與萬物生成一理，乃先生臍臀，寓於無形之腹，故腹象徵化生萬物的原始根源，所以將腹比作無極。

④臍為太極：太極，指天地未生，渾茫廣大，為派生萬物的本源，即宇宙之本體。宇宙之本體是包括天地之最大最高之物，故稱「太極」。《周易・繫

辭上》「易有太極，是生兩儀，兩儀生四象，四象生八卦。」認為人體形成亦按此理，人體形成，先生臍，故將臍比作太極。

⑤兩臂為兩儀：兩儀乃天地也。天為陽，地為陰，故也解為陰陽。臂分左右，故象徵兩儀。

⑥兩胳膊、兩腿為四象：四象，指四時，即春、夏、秋、冬；或謂指水、火、木、金，佈於四方；或謂指太陰、太陽、少陰、少陽，其說不一。《周易》認為四時等變化是由陰陽兩種勢力相互作用而產生的。四時各有其象，故謂四象。認為人體形成，先有臍臂，後生四肢，故四肢比作四象，即兩儀生四象之意。

⑦兩胳膊、兩腿各兩節為八卦：八卦，是《周易》中象徵自然現象和人事變化的八種基本圖形（符號），相傳是伏羲氏所作，即乾（☰）、坤（☷）、巽（☴）、震（☳）、坎（☵）、離（☲）、艮（☶）、兌（☱），各代表一定屬性的若干事物，如乾卦象徵天，坤卦象徵地，巽卦象徵風，震卦象徵雷，坎卦象徵水，離卦象徵火，艮卦象徵山，兌卦象徵澤。並認為乾、坤兩卦在八卦中占特別

重要的地位，是自然界和人類社會一切現象的最初根源。《周易・繫辭上》「四象生八卦」，故將四肢中的八節比作八卦。

⑧兩手兩足共二十指也……合六十四卦也：六十四卦，是《周易》中將八卦以兩卦相疊演為六十四卦，以象徵自然現象和社會現象的發展變化，如乾上乾下（䷀）為乾卦，坤上坤下（䷁）為坤卦，乾上坤下（䷋）為否卦，坤上乾下（䷊）為泰卦等六十四卦。因六十四卦生於八卦，故將四肢上的六十四骨節比作六十四卦。

⑨此謂無極生太極……以上近取諸身也：這段文字實引自《周易・繫辭上》。《周易》認為萬物的產生是一層層地分化，是陰陽、剛柔、動靜等對立面的消長、交感、相摩、相蕩所引起的，所以認為原始有太極，太極即陰陽未生渾茫廣大之氣。太極變而產生天地，是謂兩儀。兩儀變而產生金木水火，是謂四象。四象變而產生天、地、水、火、風、雷、山、澤，是謂乾、坤、坎、離、巽、震、艮、兌八卦。八卦每兩卦相重而產生六十四卦，以涵蓋宇宙萬象。認為人體的形成也符合這個道理，所以人體四肢等各部位象徵八卦之名稱，併合八卦

和六十四卦之數。這也是八卦和六十四卦引申為人身之象，亦所謂近取諸身。

若遠取諸物，則乾為馬、坤為牛、震為龍、巽為雞、坎為豕、離為雉、艮為狗、兌為羊①。拳中則乾為獅、坤為麟、震為龍、巽為鳳、坎為蛇、離為鷂、艮為熊、兌為猴等物，以上皆遠取諸物也②。

以身體八卦屬內，本也。四肢八卦屬外，用也。內者先天，外者後天。故天地生物，皆有本源，先後天而成也③。《內經》曰：人身皆具先後天之本，腎為先天本，脾為後天本④。本之為言根也，源也，世未有無源之流，無根之本，澄其源而流自長，灌其根而枝乃茂，自然之理也⑤。

故善為醫者，必先治本⑥。知先天之本在腎，腎應北方之水，水為天一之源⑦。因嬰兒未成，先結胞胎，其象中空，有一莖透起如蓮蕊，一莖即臍帶，蓮蕊即兩腎也，而命寓焉⑧。

知後天之本在脾，脾為中宮之土，土為萬物之母，蓋先生脾官而後水火木金循環相生以成五臟，五臟成，而後六腑四肢百骸隨之以生而成全體⑨。先天後天二者具於人身，皆不離八卦之形體也。

醫者既知形體所由生，故斷以卦體，治以卦理，無非即八卦之理，還治八卦之體也⑩。亦猶拳術，即其卦象，教以卦拳，無非即八卦之拳，使習八卦之象也⑪。

由此觀之，按身體言，內有八卦，按四肢言，外有八卦，以八卦之數，為八卦之身，以八卦之身，練八卦之數，此八卦拳術，所以為形體之名稱也⑫。

【注釋】

①若遠取諸物……兌為羊：這段文字引自《周易・說卦傳》第八章，意思是乾剛健，有馬的象徵，因為乾為天，天行健，馬為家畜中之行健者，故乾為馬。坤和順，有牛的象徵，因為坤為地，地道柔順，能載物，牛性柔順，亦能載物，故坤為牛。震為動，有龍的象徵，因為震為雷，雷動於雲中，古人視為神物，龍能飛於雲中，古人亦視為神物，故震為龍。巽為風，風吹而萬物動，雞晨

報曉而人與鳥獸等起而活動，故巽為雞。坎為水，豕（豬）喜處有水之窪瀆中，故坎為豕。離為明，有雉（山雞、美鳥）的象徵。艮，止也。狗守家，所以禁止外人，故艮為狗。兌，悅也。羊性柔順，為人所喜悅，故兌為羊。這是八卦取於動物之象，亦可順此推演為其他動物。此乃《周易·繫辭下》「遠取諸物」也。

②拳中則乾為獅……以上皆遠取諸物也：在八卦拳中，八卦所推演動物之象，則是乾卦取象於獅，坤卦取象於麟，震卦取象於龍，巽卦取象於鳳，坎卦取象於蛇，離卦取象於鷂，艮卦取象於熊，兌卦取象於猴。這都是遠取諸物之法。

③以身體八卦屬內……先後天而成也：是說人的軀幹八卦屬內部，是根本；四肢八卦屬外部，主用；內部是人體的先天，外部是人體的後天。天地生萬物都是有本源的，都是由先天和後天而成。

④《內經》曰……脾為後天本：《內經》云，人身都是具有先後天之本，腎是先天之本，脾是後天之本。

⑤本之為言根也……自然之理也：是說「本」就是「根」，就是「源」。世上沒有無源的河流，也沒有無根的樹木，澄清河流的源泉，河水自然流長，澆

灌植物的根，植物的枝葉就會茂盛，這是自然的道理。

⑥故善為醫者，必先治本：醫生（中醫）治病先治本，並非頭痛醫頭，腳痛醫腳。

⑦知先天……天一之源：是說腎五行屬水，水為坎，坎在八卦圖中居正北方，北方壬癸水，故謂腎應北方之水，水為天一之源。

⑧因嬰兒未成……而命寓焉：是說胎兒在母體中形成時，開始先結成胞胎，是空的，只有一根莖透起，莖的頭上像蓮花蕊狀分成兩枝，這莖便是臍帶，蓮花蕊就是兩腎，人的生命就開始形成了。

⑨知後天……而成全體：是說人體的後天之本是脾，脾五行屬土，土位於九宮中的中宮，即中央戊己土，故謂脾為中宮之土。

萬物土中生，故土為萬物之母。脾為後天之本，故生脾宮之後，水火木金相繼循環而生，成為五臟（肺、肝、腎、心、脾），五臟生成而後六腑（胃、大腸、小腸、三焦、膀胱、膽），四肢百骸隨之相繼而生，成為人的全體。

⑩先天後天二者具於人身……還治八卦之體也：這段文字是說無論屬於先

天還是屬於後天的人體各器官，都沒離開八卦之形體，人體組織符合八卦的道理。醫家既知道人體生成的由來，所以治病時是判斷卦體，再以八卦之理進行調治，因此說是以八卦之理，還治八卦之體。

這是中醫的傳統理論和方法，醫學經典《內經》把「易」貫穿在中醫學術理論體系的各個方面，用以說明人體組織結構、生理功能、疾病發生發展規律，並指導臨床診斷和治療。張介賓《醫易義》：「天人一理者，一此陰陽也，醫易同原者，同此變化也。豈非醫易相通，理無二致，可以醫而不知易乎？」

⑪亦猶拳術……使習八卦之象也：是說八卦拳是按八卦的卦象安排拳術招式，所以練八卦拳無非是透過練拳來學習八卦的卦象。

⑫由此觀之……所以為形體之名稱也：是說按人體軀幹而言內有八卦，按四肢而言外有八卦，所以人體合八卦之數，故為八卦之身（人體象徵八卦），因此以八卦之身練八卦之數，就是八卦拳術。故謂之形體八卦之名稱也。

第二章　初學入門三害說

三害者何？一曰努氣，二曰拙力，三曰頝①胸提腹。

用努氣者，太剛則折，易生胸滿、氣逆、肺炸諸症，譬之心君不和，百官自失其位②。

用拙力者，四肢百骸，血脈不能流通，經絡不能舒暢，陰火上升，心為拙氣所滯，滯於何處，何處為病，輕者肉中發跳，重者攻之疼痛，甚之可以結成瘡毒諸害。

頝胸提腹者，逆氣上行，不歸丹田，兩足無根，輕如浮萍，拳體不得中和，即萬法亦不能處時中地步。故三害不明，練之可以傷身，明之自能引人入

聖，必精心果力，剔除淨盡，始得拳學入門要道，故書云：樹德務滋，除惡務本③。練習諸君，慎之慎之。

【注釋】

①顚：此字音義待考，疑為「腆」字，後同。

②譬之心君不和，百官自失其位：《素問・靈蘭秘典論》說，「心者，君主之官也，神明出焉。肺者，相傅之官，治節出焉。肝者，將軍之官，謀慮出焉。膽者，中正之官，決斷出焉……凡此十二官者，不得相失也。故主明則下安，以此養生則壽，歿世不殆，以為天下則大昌。主不明則十二官危，使道閉塞而不通，形乃大傷，以此養生則殃，以為天下者，其宗大危，戒之戒之！」臟腑以各盡其職為官，心以率臟腑之各盡其職以為官。

臟腑之官，臣也。心之官，君也。君者，主也。心者，君主之官也。故以「心君不和，百官自失其位」來比喻練拳努氣會使各臟腑失調而影響其功能。

③樹德務滋，除惡務本：樹德，是指樹立德惠。滋，指繁滋。本，指根

本。意思是，施行德惠一定要求廣泛充分，消除邪惡一定要連根剷除。《尚書·泰誓》提到，「樹德務滋，除惡務本」「樹德莫如滋，去疾莫如盡」。《左傳·哀公元年》提到，「臣聞樹德莫如盡」。練拳一定要從根本上禁忌三害，才能得到拳術之道。

第三章 入門九要說

九要者何？一要塌；二要扣；三要提；四要頂；五要裹；六要鬆；七要垂；八要縮；九要起鑽①落翻分明。

塌者，腰往下塌勁，尾閭上提，督脈之理②。

扣者，開胸順氣，陰氣下降，任脈之理也③。

提者，穀道內提也④。

頂者，舌頂上齶、頭頂、手頂是也⑤。

裹者，兩肘往裏裹頸⑥，如兩手心朝上托物，必得往裏裹勁也。

鬆者，鬆開兩肩如拉弓然，不使膀尖外露也⑦。垂者，兩手往外翻之時，兩肘極力往下垂勁也⑧。縮者，兩肩與兩胯裏根，極力往回縮勁也⑨。

起躦落翻者，起為躦，落為翻；起為橫，落為順；起躦是穿，落翻是打；起亦打，落亦打，打起落，如機輪之循環無間也⑩。

【注釋】

①躦：音ㄗㄨㄢ，向上或向前衝。

②督脈之理：督脈係奇經八脈之一。為陽脈之海，有總督諸陽經的作用。其循行路線：起於尾閭骨端長強穴下的會陰部，沿脊柱直上到頸項風府穴，脈氣入於腦部，上巔，下行到鼻部止。一說由鼻再下行經水溝到齦交止（見《難經·二十八難》）。

但在拳功（內功法）中多是把長強穴至泥丸宮（腦宮）作為督脈來鍛鍊。練拳時塌腰尾閭上提，可使督脈暢通，陽氣上升。此為練習內家拳三層功夫的必要條件。

③任脈之理也：任脈係奇經八脈之一，為陰脈之海，有總任諸陰經的作

用。其循行路線：起於胞中，出於會陰，沿腹正中上行，過胸腹至咽喉，再上頤，再到兩目下（《素問・骨空論》）。

在拳功中多是將印堂穴至會陰穴為任脈，練拳時含胸（扣）拔背，開胸順氣，可使任脈暢通，陰氣下降。此亦為練習內家拳三層功夫的必要條件。

④穀道內提也：肛門又稱穀道。練拳時提撮穀道，氣升督脈，精氣注腦，會使精神百倍，動作靈巧。

⑤頂者……手頂是也：舌頂上齶使督任二脈接通，使其暢通無阻，並增加口中津液的分泌，避免口乾舌燥。津液增多隨時咽下，能幫助消化食物，丹功中謂之「玉液還丹」，是養生之法。在內家拳功中，運用舌部運動可引氣循督上升，或引氣循任下降，並有抵催陰陽之分，配合發力。

頭頂，頭為一身之主，六陽之首，若前俯後仰，左歪右斜，皆會影響身體重心的穩定，故練拳時要求頭必中正。為保持頭部中正不偏，即要求頭頂之百會穴向上頂，稱之「虛領」，上額之天庭向前頂，稱之「頂勁」，兩者相合謂之「虛

領頂勁」。此要領有利於豎項斂頦，並使督任二脈暢通，眞陽上衝。但頭頂是在意念的控制下，使用內勁來達到的，不可使用拙力。

手頂，是掌心含空，腕部下塌，食指上頂，虎口撐圓，中指、無名指和小指微扣，外掌根前頂。此要領是增大手部勁力，獲得抻筋拔力之妙，氣貫四梢，直達掌指。但須在意念控制下，不可拙力強做。此三項是小周天功夫的必要條件，是內家拳的共同要領。

⑥裹者，兩肘往裹裹頸：裹者如包裹之不露。體現於肘部和小臂向裹裹擰，是橫勁，實來源於全體中的擰轉相合之勁氣。「裹頸」當為「裹勁」之誤。

⑦鬆者……外露也：指鬆開兩肩，自然下沉。

⑧垂者……垂勁也：指垂肘。垂肘沉肩實為一個要領，是為了勁氣貫肘手並注勞宮。

⑨縮者……縮勁也：指抽肩抽胯，使氣聚於丹田。

⑩起躦落翻者……如機輪之循環無間也：八卦拳與形意拳同理，打的是起

落、蹚翻、升伏、橫豎。起蹚落翻是外形，橫豎（順）是勁路，升伏是內氣。手起是蹚、是升、是橫，手落是翻、是豎（順）、是伏。在八卦拳中，起蹚是穿掌，落翻是打；起也打，落也打，一起一落，一上一下，若機輪運轉無間，外形、勁路、內氣三者則蹚翻起落，橫豎、升伏同時變化。

所練之要法，與形意拳無異也，譬之《易經》方圓二圖①，方圖乾始西北，坤盡東南，乾坤否泰居外四隅，震巽恒益居內四角②，其陽自西北而逆氣退於中央，生氣在中也，陰自中央而順於東南，陰氣在外也，其生卦而恒益否泰③。

如形意拳，起手先進左足，以右足為根，身子看斜是正，看正是斜，因此形意拳與方圖皆屬地，在地成形，所以形意拳在十字當中求生活也④。

圓圖乾南坤北，離東坎西，左陽升，右陰降，陰來交陽，一陰生於天上；陽來交陰，一陽生於地下，陽生陰生，皆在圖之正中。圓象天，天一氣上下，上而陽，下而陰，象一氣運陰陽，㊀陰陽相交，即太極一氣也⑤。

【注釋】

①《易經》方圓二圖：《易經》之取象，乃天象為圓，地象為方。傳統的研究存在於天空與地面之間的自然規律上，是運用六十四卦方圓圖。六十四卦的圓圖是在八卦圓圖的基礎上，每一卦又按其上為陽、下為陰的陰陽排列順序，都又分成八個階段，傳統稱之為「八卦相蕩」而形成六十四卦的圓圖。方圖是把這六十四卦分佈在以橫向八格和縱向八格所形成六十四個方格之中。圓圖象徵天空，方圖象徵地面（見附六十四卦圓方圖）。

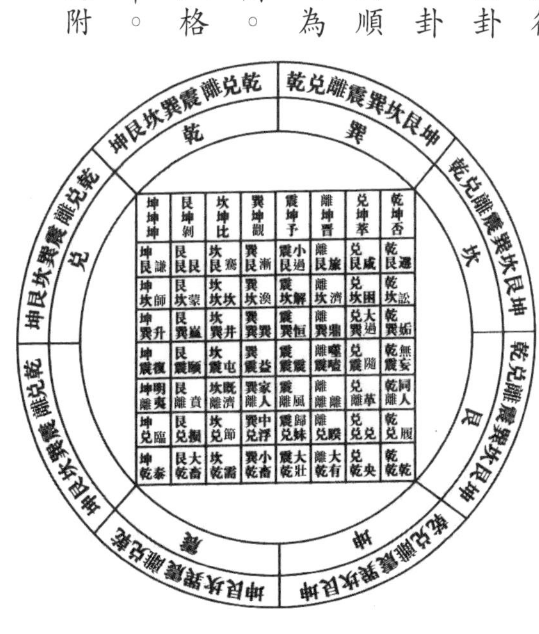

六十四卦圓方圖

②方圖乾始西北……震巽恒益居內四角：六十四卦方圖的排列方法，是依照存在於天空與地面這兩個客觀事物之間的相互作用。比如上午的太陽升到東南方向的上空時，由太陽放出的光輻射是落在西北方向的地面上，此時東南方向的地面上卻是背陽面。也就是說，象徵著天空的圓圖東南方向的少陽和老陽，落在象徵著地面的方圖上則是西方和北方；而天空圓圖西北方向的少陰和老陰，反映在地面上卻是東方和南方。因此，在六十四卦方圖上的西北隅是乾卦（䷀），東南隅是坤卦（䷁）；西南隅是否卦（䷋）；東北隅是泰卦（䷊）。而震卦（䷲）、巽卦（䷸）、恒卦（䷟）、益卦（䷩）則在中間之四格（見附六十四卦圓方圖）。

③其陽自西北而逆氣退於中央……其生卦而恒益否泰：六十四卦方圖，從東到西的上卦和自南到北的下卦的卦象，都是依照坤、艮、坎、巽、震、離、兌、乾，即依照純陰、太陰、中陰、少陰、少陽、中陽、太陽、純陽的順序排列，以標明各個不同地段的不同陰陽剛柔程度。乾卦至坤卦，即由陽至陰，從西

北至東南，陽降陰生，至巽卦已是少陰，至坤卦達純陰。在先天八卦圖中，由乾至震，反時針方向，順序為乾、兌、離、震四卦。由巽至坤，順時針方向，順序為巽、坎、艮、坤四卦，在方圖中則是對角直線，交叉線上延伸則是恒、益、否、泰等卦。

④所以形意拳在十字當中求生活也：形意拳的運動形式以直線與斜線為主，形意拳的生化之道，乃土為本源，皆先天之横而生。土為中央，所生五拳貫穿左右上下互為交叉的直線和斜線，象徵六十四卦之方圖，亦即在十字當中求生活。

⑤圓圖乾南坤北……即太極一氣也：係指六十四卦圓圖中乾、坤、離、坎各卦的方位。「左陽升，右陰降」至「即太極一氣也」係指八卦圖中的陰陽相交，一氣運陰陽，即時陽則陽，時陰則陰，陽而陰，陰而陽，故謂之太極即一氣，一氣即太極。⦶符號代表一氣運陰陽或陰陽相交（即太極）。

八卦拳左旋右轉，兩胯裏根，如圓圈裏邊無有楞角，兩眼望著前手食指梢，對著圓圈中間◉這個看去，旋轉不停如太極一氣也①。因此八卦拳與圓圖皆屬天，在天成象，所以八卦拳在圓圖虛中求玄妙也②。

又譬之奇門③，有飛九宮一至九之數皆圓形屬天，與八卦拳理相合也④。《易經》雖有方圓二形，其理無非逆中行順，順中用逆，以復先天之陽也⑤。奇門有飛九宮轉盤二形，其理無非奇逆儀順，奇順儀逆，以還一元之氣也⑥。

形意八卦雖分方圓二派，其理無非動中縮勁，使氣合一歸於丹田也⑦。所以大聖賢正心誠意，無不與拳術之道息息相通。大英雄智勇兼備，亦必先明於數學之理。大技藝家格物致知，亦必先明於意氣力之用。

以上諸理，形名雖殊，其理則一。練拳術者，明乎此理，以丹田為根，以意氣力為用，以九要為準則，遵而行之，雖不中不遠矣。

【注釋】

①八卦拳左旋右轉……旋轉不停如太極一氣也：係指八卦拳是以圓形運動

路線轉掌走圈，眼看前手食指梢，並對著圓心，左旋右轉週而復始，正像太極圖之一氣運陰陽。符號的實心點代表圓心，外圈代表環行路線。

②所以八卦拳在圓圖虛中求玄妙也：八卦拳的圓形運動路線象徵六十四卦圓圖。其手攬陰陽，腳踏八卦，圍圓打點，週而復始的練拳方法與戰術，謂之「在圓圖虛中求玄妙」。

③奇門：指《奇門遁》，是中國古代術數著作，又稱「奇門」「奇門遁」「遁甲」。

④有飛九宮……與八卦拳理相合也：九宮指八卦八個方位和中宮，合為九宮，即戴九履一，二四為肩，左三右七，六八為足，中間為五，亦即洛書。實為圓形，與八卦圖相同，所以與八卦掌理相合。形意拳、八卦掌都有飛九宮的練法，有的八卦掌也被稱之九宮掌，道理是相同的。

⑤《易經》雖有方圓二形……以復先天之陽也：是說《易經》的方圓二形的道理，無非是逆中行順，順中用逆。

「以復先天之陽」：人為先後天合一之形體。人出生之後，本含有先天元氣，謂之眞陽。隨著人之成長，知識情慾的產生，先天元氣漸消，後天之氣漸長，陽衰陰盛，又為七情所感，六氣所侵，體質日弱。若按易之順逆陰陽之理，加以調整，可補充先天元氣，使體質增強，故謂之「以復先天之陽也」。

⑥奇門有飛九宮……以還一元之氣也：是說《奇門》中的飛九宮的道理也與《周易》之方圓二圖道理一樣，奇逆儀順，奇順儀逆，以順逆陰陽之理，以還一元之氣（元氣）。

⑦形意八卦雖分方圓二派……使氣合一歸於丹田也：是說形意拳與八卦掌雖分方圓二派，但其道理是一樣，都是以復先天之陽，彌綸先天之元氣，動中縮勁，使氣不外散，歸於丹田。

第四章　四德八能四情說

四德者，順逆和化。四者，即拳中合宜之理也。順者，手足順其自然往前伸也；逆者，氣力往回縮也；和者，氣力中正無乖也；化者，化其後天之氣力歸於丹田而返真陽也。

八能者，乃搬攔截扣，推託摕拎①。八者，即拳中之性也。搬者，搬敵人之手足肩胯是也；攔者，攔敵人之手足如研肘是也；截者，揬②住敵人之手足胳膊腿是也；扣者，扣敵人之兩手並胸小腹是也；推者，推敵人之兩手並身，其中有單手推者，有雙手推者（雙手推者即雙撞掌也）是也；托者，托敵人之兩手，有平托者，有望高托者是也；摕者，敵人抓住吾手，極力往回摕，或掛敵人之手皆是也；拎者，拎敵人之身，或敵人之兩手，往左右拎去，或往上拎，或往下拎，即使敵人不得中正之勁也。

八能者，內含六十四事，合六十四卦也③。八者，正卦也，即上乾下乾之類④；六十四者，變卦也，即上乾下坤否泰互卦之類⑤。所謂八搬、八扣，各有八，合而為六十四者，則謂拳中之性也。

順逆和化，為六十四卦之德也。六十四卦含之於順逆和化四者之中，而為德，行之於身者而為道⑥，用之於外者而為情。情者，即起落蹟翻也。

且八能用時，或明而用之，或暗而用之；或打破彼之身式而用之，或化開彼之法式而用之；或剛進而用之，或柔進而用之；或進而用之，或退而用之，或誘而用之；或指上而用之下，或指下而用之上；或指左而打右，或指前而打後，或指此而打彼；或彼剛而我柔，或彼柔而我剛，或彼矮而我高；或彼動而我靜，或彼靜而我動；或看地之形式，伸縮往來分別而用之。

地形者，遠近險隘，廣狹死生之類也⑦，且身式將動而末動時，務要周身一家，合外內一道，再觀彼之身式高矮，量彼之情形虛實，察彼之氣質薄厚，將彼奸詐虛實等等得之於心，隨便酌量用之，而能時措之宜。

至於拳內用法名目雖廣，然無論如何動作變化，總以四情為表則也，四情用的恰當，則能與性德合而為一道也⑧。

【注釋】

①推託搿拎：現多作「推託帶領」，後同。搿：音、義待考；拎：音ㄌㄧㄣ，用手提物。

②揬：音ㄊㄨˊ，古同「唐突」，非常突然之意。

③八能者……合六十四卦也：八能即搬、攔、截、扣、推、托、帶、領八法，每兩法互用或每法生八法，則為六十四法，合六十四卦之數，相當六十四卦的象徵。

④八者，正卦也，即上乾下乾之類：指八正卦，即乾（☰）、坤（☷）、坎（☵）、離（☲）、震（☳）、巽（☴）、艮（☶）、兌（☱）（暗指八法的

每法左右互用）。

⑤六十四者，變卦也，即上乾下坤否泰互卦之類：指變卦，即否（䷋）、泰（䷊）、屯（䷂）、蒙（䷃）之類（暗指八法演變相互為用或一法演為八法）。

⑥行之於身者而為道：八能演變雖是拳技，但行之於人身卻近乎玄妙之道。

⑦地形者，遠近險隘，廣狹死生之類也：兵書上講究，作戰時要注意地形地物，要觀察遠近險隘，廣狹死生。二人交手時也要看好地形地勢，以利於得手取勝。

⑧至於拳內用法名目雖廣……則能與性德合而為一道也：是說拳中千招萬法千變萬化，皆體現於起躦落翻。起躦落翻用的適當，就能與順逆和化八搬八扣等成為一體，近乎道之妙。

第五章　左右旋轉與左右穿掌之分別說

起點轉法，無論何式，自北往東走，旋之不已，謂之左旋。自北往西走，轉之不已，謂之右轉。

凡穿掌往左右換者，無論在何方，換掌換身，若望著左胳膊穿者，謂之往左穿手；望著右胳膊穿者，謂之往右穿手。

此謂左右旋轉與左右穿掌之分別也。

第六章　無極學

無極形式者①，當人未學之先，心中混混沌沌，一氣渾淪，舉動之間，但由天然之性也，而旋轉無度，起落無節，外失諸修，內失諸養，知順之所往，不知逆之所來，以至體質虛弱，陽極必陰，陰極必死，往往歸於無可如何之地。是攝生之術，講求無方，良可慨也②！

惟聖人知逆運之機，修身之本，還元之道，總之不外形意、太極、八卦諸拳之理，一氣伸縮之道，明善復初之功，求立於至善之極點，以復先天之元氣，和而不流，中立而不倚，可與後世作法，亦可為萬物立命，此之謂無極而生太極之式也③。

李東垣先生曰：人自虛無而生神，積神而生氣，積氣而生精，此自無而之有也；練精而化氣，練氣而化神，練神而化虛，此自有而之無也。拳術之道，生化之理，其即此意也夫④。

【注釋】

①無極形式者：凡事有動必有靜，形意拳經云：「動者靜之效，靜者動之源。」練拳者先靜後動，靜則氣內充，而力外溢。練拳之前先靜立，心無所思，意無所動，目無所視，陰陽未判，清濁未分，故謂之心中混混沌沌，一氣渾淪。此為練拳之初步，健體清源之道。乃象徵無極，故謂之「無極形式者」。

②舉動之間……良可慨也：是說世人舉動行為，皆按天然之性順行，以致無度無節，內不知修，外不知養，只知順行之道，不知有逆運之理。於是陰陽失調，體質虛弱，以致陽盡陰生，陰極必死，往往世人對此皆無可奈何。此乃不知如何講求養生之法，令人感慨。

③惟聖人知逆運之機……此之謂無極而生太極之式也：是說惟有聖賢之人能參透逆運之術，知道修身的根本和返本還元的道理。然這些道理總不外形意、太極、八卦等拳之理，即一氣伸縮之道。練此返本還元之功，並達到高深的地步，可使先天元氣充盈，不偏不倚，和而不流。可為後世榜樣，也可為標準（此兩句意接前文）。此功法乃從無生有，由無極式生眞氣充盈丹田，故謂之無極而生太極之式也。

④李東垣先生曰……其即此意也夫：著名醫學家李東垣（李杲，金代河北人，字明之，號東垣，著名中醫學家）說過，人處於清靜虛無狀態可生神，積神生氣，積氣生精，精、氣、神三者可自虛無而得，並相互轉化，故謂之「自無而之有」。煉精化氣，煉氣化神，煉神還虛，是道家內丹術的三步練法，也被拳家吸取結合拳術研練，謂之內功。元精、元氣、元神互化為虛，故謂之「自有而之無」。拳術之道，生化之理與上述同為一理，即從無到有，又從有到「無」，「無」指達到自由王國境界，如形意拳謂之「拳無拳，意無意，無意之中是眞

意」的上乘功夫。

第一節　無極學圖解

起點面正，身子直立，兩手下垂，兩足為九十度之形式，如圖是也（圖1）。兩足尖亦不往裏扣，兩足後根①亦不往外扭。兩足如立在空虛之地，動靜不能自知也。

靜為無極體，動為無極用。若言其靜，則胸中空空洞洞，意向思想一無所有，兩目將神定住，內無所觀，外無所視也；若言其動，則惟順其天然之性，旋轉不已，並無伸縮往來節制之意思也。然胸中雖空空洞洞，無意向思想之

圖1　無　極

理，但腹內確有至虛至無之根，而能生出無極之氣也。其氣似霧，氤氤氳氳；黑白不辨，形如湍水；混混沌沌，清濁不分②。

惟此拳之形式未定，故名謂之無極形式也。此理雖微，但能心思會悟，身體力行到極處，自能知其所以然也。

【注釋】

①根：古同「跟」。後同，不另注。

②其氣似霧……清濁不分：此是站無極式腹內所生的眞一之氣給人的感覺，以形象化描述。

第七章　太極學

太極形式者，無極而生，陰陽之母也①。左旋之而為陽，右轉之而為陰，旋轉乃一氣之流行。太極即一氣，一氣即太極也②。

以體言則為太極，以用言則為一氣。時陽則陽，時陰則陰；時上則上，時下則下；陽而陰，陰而陽；一氣活活潑潑，有無不立，開合自然，皆在當中一點子運用也。

這一點子即是拳中左旋右轉，開闔動靜，陰陽相交之中樞也。中樞者為人性命之本，造化之原。丹田之氣，八卦拳之根蒂也，此氣是天地之根，陰陽之母，即太極是也，故兩儀由此而生焉。

【注釋】

①太極……陰陽之母也：太極乃生自無極，而兩儀生自太極，故太極謂之陰陽之母。

②左旋之而為陽……一氣即太極也：按《周易》之本義，太極是天地未分前，混而為一的元氣，這一混沌不分的元氣，或者成為陽剛，或者成為陰柔，變化作用無窮，故謂之一氣即太極。

第一節　太極學圖解

起點先將腰塌住，再將右足直著往前邁去，落下兩足形式如斜長方形，如圖是也。兩足前後相離遠近隨乎人之高矮，總要後足往前邁步不費力為至善處。兩腿裏曲均要圓滿，不可有死彎①子，兩足後根均向外扭勁，兩腿如騎馬式一齊扣勁之意，不可顯露往一處扣的形式。

初練時，身子不可過矮，微需高點，過矮甚為費力。迨至日久功純，則高矮隨便不拘矣。

兩腿之形式，未轉走時，左胯與左足後根相齊；既轉走時，右胯尖扭至與前手食指並圓圈中間相對為標準。前右腿形式，膝與足後根上下如一條線相齊。再將右手順著右足後根如銳角形式，手直著如畫一半圓形抬起，抬至手虎口與眼相齊停住。

兩肩要鬆開，兩肘均往裏裹勁，裹至肘尖朝下垂。兩手具②張開，不可併攏。兩手腕均往外極力擰勁，擰至食指直立，大指食指虎口撐開如半月形，無名指與小指均有往回鉤勁的意思。兩手心不可往外挺勁，兩手如同抓著圓球相似。手腕極力往上挺勁，手虎口亦極力往前推勁，上下挺推要均停方為正勁。兩眼看前手食指梢為準則。或有看虎口者，氣不中也。後胳膊靠著身子，極力往上如畫半圓形，手虎口至前胳膊肘子停住。兩肩均往回抽住勁（此是順中求逆，如卦位順行卦序逆行之意也），兩肘極力往下垂勁。兩手極力一氣往前推

勁，兩手心隨著兩肩極力往回縮勁，腰隨著兩手腕往外擰勁時如擰繩子極力擰去，擰至前手食指與兩眼對著圓圈中點為止，如圖是也。

此式名為橫走豎撞，兩胯裏根極力往回抽勁，裏胯根抽至如圓圈裏邊圓線，如）是也。所謂在圓圖乾坤中虛處求玄妙，是此意也。

頭要往上頂勁，口似張非張，似⿰月召非⿰月召③，舌要頂上齶，呼吸要從鼻孔出氣，久之消息之理自然通矣。穀道要往上提，項要豎著勁，心不要用努力，扣胸不可往裏顯著扣。只要兩肩齊往回縮力，自然而然就內開外合，是謂之扣胸也，功久胸前亦自然而有圓含之形式也。

轉走時身子不要快，意氣力並手足肩胯腰肘內外務要合成一氣，身中不可有一處散亂，如有散亂處，即是身中之勁不合，即於腰胯肩肘並四梢④求之。四梢者，牙為骨梢，舌為肉梢，手指足指⑤為筋梢，渾身毛孔為血梢是也。求之之務將心氣沉住，歸於丹田。身子高矮要一律，轉走時身子不可有左斜右歪之形，使內中之氣不穩也。

行走時總似鳥之束翅頻頻飛去之形，又如平水漂流一物，不見水流，只見物行，有安穩自然之象。兩譬語是此拳形式之意義也（圖2）。

【注釋】

①彎：原文「灣」，據上下文意，改作「彎」。後同，不另注。

②具：古同「俱」，都，完全。

③脗：音ㄨㄣˇ，同「吻」。

④梢：原文「稍」，據文意改作「梢」。後同，不另注。

⑤指：腳趾亦作「腳指」。

圖2　太　極

第八章　兩儀學

兩儀者，是一氣伸縮之理，左旋之則為陽儀，右旋之則為陰儀也。故前太極之式，一氣走去，如圖流行不息者，則為太極陽儀，是為氣之伸也。至練時圓圈之大小，轉數之多寡，皆以地之形式為準則，可大則大，可小則小。

若論通便練法，尤不拘地式之長短寬窄，畝數之地不為大，圓三徑一不為小，誠以功夫深純，即周圍數里，亦能循環數匝不停式子，而片席容足，亦可以來往轉身而有餘也。先哲云：「道之伸縮流行，其大無外，其小無內，放之則彌六合，卷之則退藏於密。」①亦即此拳之意義也。

若是回轉身式（即單換掌），勿論大小圈循環多寡，酌量自己之氣力而行，半圈可換身，數十圈亦可換身。倘轉數甚多，天地萬物亦隨著身子一氣翻轉，此時換身更當要緊，若任一式轉去，恐功夫不到，而有頭眩眼昏，足底無根之弊，所謂陽極必生陰，陰極必生陽也，譬如圓圖八卦，陽左升為日，陰右降為月，日來則月往，月往則日來，日月相推而四時生焉，換身右轉流行不已，如圖則為太極陰儀，是氣之縮也。聖人云：鬼神之為德。日月之升降，皆屬天地自然之變化。而拳中兩儀右轉，左右有序，何莫非一氣之往來屈伸乎？故兩儀再生，而四象出焉②。

【注釋】

①先哲云：……卷之則退藏於密：《管子・心術上》提到，「道在天地之間也，其大無外，其小無內。」認為道普遍地存在於天地之間，並可無限大和無限小。拳術練至深純，近乎玄妙之道，自然可伸可縮，可大可小，運掌走圈在大小場地皆可。「六合」指上、下、四方。

②兩儀再生，而四象出焉：《周易》的整個體系被認為是一層層地分化為

兩個對立面，《周易・繫辭上》說，「易有太極（包括對立兩面的統一體），是生兩儀（天地或陰陽），兩儀生四象（四時或太陽、少陰、太陰、少陽），四象生八卦。」八卦拳的掌法次序，完全按上述易理安排，將靜立蓄氣的預備式，謂之無極，起式謂之太極，左旋右轉單換掌謂之兩儀，雙換掌謂之四象，即「兩儀再生，而四象出焉」。再下便是八卦之八掌。

第一節　兩儀學青龍轉身

起點時，譬如一氣左旋流行不已。其法擬欲換身右轉，是一氣生兩儀也。右足先走至前邊落下（圖3）。

圖3　青龍轉身

第二節　兩儀學青龍縮尾

隨後左足再往前邁時，足尖極力往裏扣，落下與右足尖相齊，遠近相離二三寸許，如圖形是也。兩足後根均向外扭勁，兩膝相離似挨未挨之意。兩胯裏根均向回抽勁，又兼向外開勁，此式是內開外合之意。

腰要塌住勁，而時上身兩手仍合住勁不動，兩肩似乎有往回縮勁之意，亦謂之含胸也。稍微穩住（圖4）。

圖4　青龍縮尾

第三節　兩儀學青龍返首

即將右掌伸直，極力往外擰勁，擰至大指朝下，小指朝上停住。右足與右手擰時，一齊隨著往外邁出，足落下與右手上下相齊，兩足相離遠近隨乎人之高矮，總之再邁左足不費力為至善，其時身子微微有往下遁縮之意。左手緊靠著身子在胳膊根窩下邊，手心仍朝外往前推住勁（圖5）。

圖5　青龍返首

第四節　兩儀學黑虎出洞

再將左足邁至前邊，仍與右足尖相齊。兩足尖相離遠近仍二三寸許。兩足後根仍往外扭勁。兩胯裏根亦均往回抽勁。兩手極力均往回裏勁，裏至兩手心朝上。裏時兩肩極力往回抽勁，又兼往下垂勁，式似停未停之時，即將腰向右邊極力擰去，如擰繩子之意。

左手心朝上，肘往下垂著，極力挺住勁勿動。左手心朝上隨著腰擰時徐徐往右胳膊根外邊，與右①胳膊成為丁字形，又往前往高斜著穿出，左肩如同穿在右胳膊根窩下之意。頭項豎住勁，隨著腰向外扭勁，兩眼看所穿之左手，左手穿至極處為止。

圖6　黑虎出洞

此勁之理，如同上滿表條，不留餘隙，外勁形式似合，而內中心氣似開、似虛之意。若其不然，胸中恐有內擠氣努胸隔心痛之患（圖6）。

第五節　兩儀學亦為右式第一

身子再往右轉走時，先將左足往前直著邁去，落下兩足相離遠近，仍隨乎人之高矮，要之再邁右足不費力為至善。左手隨著左足邁時，連穿代伸代往外擰勁②，右手與左手一齊均往外擰勁。兩足隨走，兩手腕隨著極力往外擰勁，擰至左手食指朝上直立，亦與圓圈中虛處相對為準則。

手指高仍與眉齊，右手亦仍極力靠著身子，一氣推至左胳膊肘處，食指朝上穩住，腰亦隨著左手向右邊如擰繩子相似擰去。兩眼亦看前食指梢。兩手腕擰時，兩胳膊中曲仍朝上，兩肘仍朝下。兩手腕擰勁時，亦不可擰之容易，似覺擰不過來的意思。

兩手腕往上托手虎口又③往前推之意，二者均停不可顯露，兩肩亦極力一齊往回抽勁，兩手亦許三五步擰過來，亦許轉走周圈擰過來，勿拘。要之，若走步或換式，總要上下相連，內外六合一氣。六合者，心與意合，意與氣合，氣與力合，此內三合也；肩與胯合，肘與膝合，手與足合，此外三合也。內外如一，成為六合也。其中意思，練者若是不曉，即求明人指點可也，學者勉力而深思之，功久自能知焉。

兩儀再往回換式走，與此法之理相同。以後凡換式，自兩儀以至於神化之功，雖分左右換式，手法足法、諸處之勁，左右無不相同（圖7）。

圖7　青龍轉身

【注釋】

①左：從上下文義揣測，原文此處「左」當作「右」。

②連穿代伸代往外擰勁：「代」疑為「帶」之別字，帶：捎，連著，順便做之義。

③又：從上下文義揣測，此處「又」當作「有」。

第九章　四象學

四象者，兩儀各生一陰陽也①。太極生兩儀者，八卦拳之奇耦②也。復於兩儀之中，各加一奇一耦，以象太陰、太陽、少陰、少陽而名為四象。四象即本拳之奇耦，各加一陰一陽，而分為金、木、水、火也，在腹內則為心、肝、肺、腎③，在拳中則為前、後、左、右，俗稱名為雙換掌也④。

言四象不及土者，太極即土也⑤。拳中起躦落翻，動而未發謂之橫。橫者，亦土也，因其生生不息謂之土，因其一氣運用謂之太極，太極也，土也，一而已⑥，故不及土；僅言四象者，而土已在其中矣⑦。

夫四象既有陰陽，則八卦相交，彼此相蕩，一卦可蕩於八卦之上，八卦相

蕩更可重為六十四卦[8]。按易一卦六畫[9]，下三畫象天地人三才也，上三畫相蕩，因而重之。

象天地人三才各有陰陽也，以明拳中各法左旋右轉，皆有陰陽之式也。故左旋象下三畫，頭手足象天地人三才也；右轉象上三畫，因天地人三才各有陰陽也。

太極
兩儀　陽　陰
四象　老陽　少陰　少陽　老陰
乾　兌　離　震　巽　坎　艮　坤

四象生自兩儀圖

八卦即四象之陰陽，六十四卦即陰陽配合之生氣，八卦成列，因而重之，則陰陽相交，自可生生無已，豈第六十四卦哉！雖至千卦萬卦，總不出乎六十四卦，六十四卦總是八卦，八卦總是四象，四象總是兩儀，兩儀總是一氣之流行也[10]。

紫陽讀《參同契》云⑪：「一自虛無兆質，兩儀因一開根⑫，四象不離二體，八卦互為子孫。」六十四卦於此而生，萬象變動於此而出，誠哉斯言，可為此拳之鑒矣。

【注釋】

①四象者，兩儀各生一陰陽也：四象生自兩儀。

②耦：音ㄡˇ，同「偶」，後同。

③而分為金、木、水、火也，在腹內則為心、肝、肺、腎：四象也指金、木、水、火，佈於四方。中醫理論，心屬火，肝屬木，肺屬金，腎屬水。

④在拳中則為前、後、左、右，俗稱名為雙換掌也：拳中之前進、後退、左顧、右盼也謂之四象。四象之拳法名為雙換掌。

⑤言四象不及土者，太極即土也：四象金木水火，乃五行少土。然四象生自太極，太極為五行之土，故謂「太極即土也」。

⑥拳中起躦落翻……一而已：在拳中，橫者起也，順者落也；起者躦也，

落者翻也；起為橫之始，蹟為橫之終，落為順之始，翻為順之終，故謂之「動而未發謂之橫」。橫五行屬土，因橫之生化象徵土生萬物，故謂之「因其生生不息謂之土」，又像太極一氣之運用，故「謂之太極」。

太極也好，土也好，都象徵「一」。「一者」，指萬物之始；老子指「道」生一即太極，易指太極；指宇宙開初的混沌未分者。這裡是指拳之動而未發。

⑦而土已在其中矣：雖然僅說了四象，而土已在其中了。

⑧八卦相蕩更可重為六十四卦：四象既然有陰陽，則產生八卦，八卦相蕩，每兩卦相疊演為六十四卦。據《周易》研究學者觀點，「八卦相蕩」，指六爻上下的變動，此處「蕩」義，指的是三爻卦卦位的上下交錯，進而是六爻卦卦象的相對顛倒，及其爻位的陰陽相反。

⑨按易一卦六畫：八卦的每一卦，是由三爻組成，而六十四經卦，每卦都是由兩卦組成，故為六爻，即「一卦六畫」。

⑩雖至千卦萬卦……兩儀總是一氣之流行也：是說，《周易》之千變萬

化，最根本則是一氣之流行，即太極也。

⑪紫陽讀《參同契》云：紫陽：北宋道士。原名伯端，字平叔。天臺（今屬浙江）人。少好學，精三教典籍，通刑法、書算、醫卜、戰陣、天文、地理等。傳說得金液還丹之妙道，遂改名用成（誠），號紫陽山人。著有《悟眞篇》宣傳內丹修煉。南宋以後，被奉為南宗祖師。列南五祖之首，稱紫陽眞人。

《參同契》：道教經典。全稱《周易參同契》。作者魏伯陽，東漢丹士，生卒年不詳。一說名翱，號伯陽，自號雲牙子。會稽上虞（今屬浙江）人。《參同契》兼及內丹、外丹，是較早論述煉丹爐火的主要著作，但重點是內丹。此書對道教修煉術影響甚大，被奉為「丹經之祖」。

⑫一自虛無兆質，兩儀因一開根：語出清代著名道士劉一明撰《周易闡眞》。《悟眞篇》有「道自虛無生一氣，便從一氣產陰陽，陰陽再合生三體，一體重生萬物昌」，其意與此近似，即萬物原為一氣所化生。《老子》謂之：「道生一，一生二，二生三，三生萬物。」

第一節　四象學右式青龍轉身

起點兩儀式，無論左旋右轉，皆可變換四象雙換掌也。

先以右旋之，左手在前，右手在後，從正北往西順著圓圈轉去，謂之右旋（圖8）。

第二節　四象學青龍縮尾

換掌時，左足在前，右足隨後邁在前邊，足尖極力往裏鉤，落下與左足尖

圖8　右式青龍轉身

圖9　青龍縮尾

相齊，遠近相離二三寸許。

兩足後根極力均往外扭勁，腰塌住勁，兩胯裏根均往回抽勁，式似停未停（圖9）。

第三節　四象學青龍返首

即將左手伸直往外擰勁，擰至大指朝下，小指朝上，手心朝外。左足抬起，足尖隨著左手擰時，一齊往外擺勁，落下左足後根與右足尖成為錯綜八字式，如圖形是也。

兩足相離遠近，亦隨人之高矮。足落下時形雖往外擺，兩胯裏根亦均往回抽勁，內裏似乎開圓圈之意。腰隨著左手往外擰，兩肩裏根亦均往回縮力，亦是含胸之意。

右手仍靠著身子，手心朝外，在左胳膊根窩下邊推住勁，肘往下垂著，不動式子，身雖停而意未停（圖10）。

第四節 四象學右式黑虎出洞

即將兩手均向裏裹勁，裹至手心朝上，即將右手從左胳膊根窩下邊穿出，右足與右手一齊邁至前邊，與左足尖相齊，兩足尖相離遠近亦二三寸許，右肩亦極力望著左胳膊根窩下邊穿去，兩足後根亦均往外扭勁，兩胯裏根亦均往裏抽勁。腰仍塌住勁。

式不可久停，譬如書句大長，字當中點點為讀句，即一氣似斷而未斷

圖10 青龍返首

圖11 黑虎出洞

之意也①（圖11）。

【注釋】

①原版中部分節無圖，圖解索引至前章，為閱讀便利，此處加圖。後同，不另注。

第五節 四象學鷂子鑽天

再將右胳膊靠著右耳，手極力往裏裹著勁往上穿去，穿至極處，手心朝裏，身子隨著右手往上伸長，左手心朝裏，與右手往上穿時，一齊往下挨著右胳膊裏根落下至肋，手指朝下，手背靠著身子，望著右胯穿下。兩手分開要上下一齊皆到極處。

左足與兩手分開時即速抬起，足尖極力往上仰著，靠住右足裡脛骨，而時身子往下縮勁，腰亦塌住，右手可極力仍往上穿住勁，左手仍極力往下穿住勁，兩眼往上看著右手，身子要穩住（圖12）。

第六節　四象學白蛇伏草

再將右手極力望著左肩尖前邊扣去，落於左胳膊上邊，身子隨著右手扣時，一齊往下縮矮。兩手再往前後分開，如同擺物一般。兩手腕均往外撐住勁，前後兩手虎口相對，兩胳膊皆如半月形式。左足與左手一齊往前邁去，足落下要半斜著，如圖形是也。

腰塌住勁，身子往前撲去，小腹要

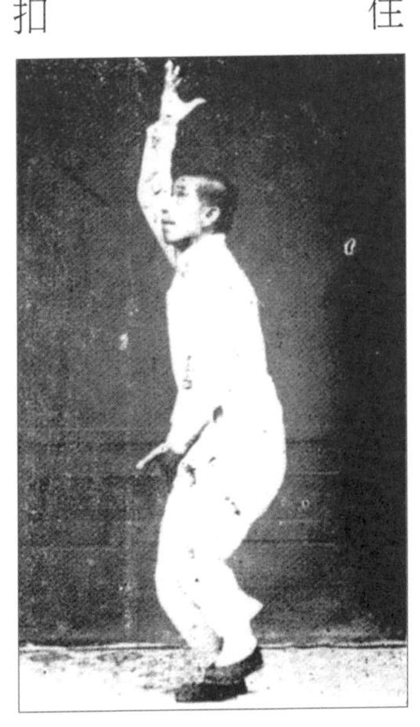

圖12　鷂子鑽天

圖13　白蛇伏草

放在大腿上，兩眼隨著右手看下來，望前邊左手看去，兩肩前後極力縮住勁，兩胯前後裏根亦極力縮住勁，此時腹內要似覺圓圈虛空一般，若是方能得著拳中之靈妙（圖13）。

第七節　四象學右式黑虎出洞

再將兩手極力均向裏裏勁至兩手心朝上，即將右手靠著身子，望著左胳膊根窩下穿出，手穿至極處，與左胳膊亦成一丁字形式，右足與右手同時，邁至與左足尖相齊，落下遠近相離二三寸許。

兩足後根亦均往外扭勁，兩胯裏根亦均往回抽勁，腰要塌住勁，隨著手穿時往左邊擰勁，亦同擰繩子相似，而時身子之勁，亦如同表條上滿之意，但內中總要虛空之意。

內中何以能虛空之意，即著兩肩兩胯裏根皆往回縮勁，則胸中自然有虛空之意，而腹內亦不能有努氣壅擠之患也（圖14）。

第八節　四象學青龍轉身

身子再往左轉走時，先將右足往前直著邁去落下，兩足相離遠近，亦仍隨乎人之高矮，總之無論何項步法，前走後退要自然為至妙處，右手隨著右足邁時，連穿帶伸帶①往外擰勁，左手與右手，一併均往外擰勁。

兩足隨走，兩手腕隨著極力往外擰勁，擰至右手食指朝上直立，亦與圓圈中虛處相對為準則，手指高矮仍與眉齊；左手亦仍極力靠著身子，一氣推至左胳膊肘處，食指朝上穩住，腰亦隨著右手，向左邊如同擰繩子相似擰去。兩眼亦看前手食指梢。

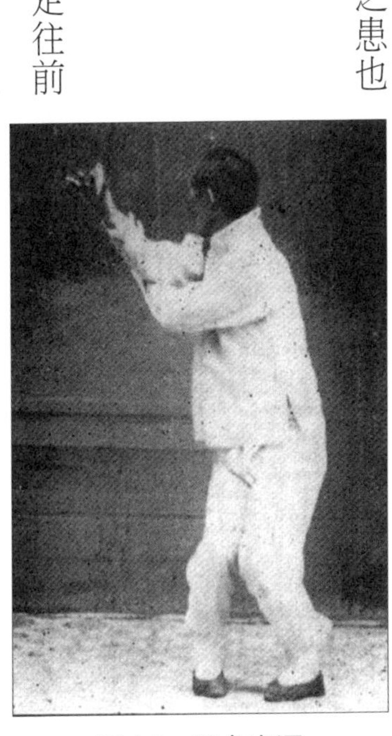

圖14　黑虎出洞

兩手腕擰時，兩胳膊中曲亦仍朝上，兩肘仍朝下。兩手腕擰勁時亦不擰之甚易，亦似覺擰不過來的意思。兩手腕往上托，兩手虎口又往前推之意，二者均停不可顯露。

兩肩亦極力一齊往回抽勁，兩手亦許三五步擰過來，亦許轉走周圈擰過來，亦勿拘，要法亦與兩儀走步換式，上下相連內外一氣之理相同也。

此四象練法隨分四侯則為起承轉合之意，實即一氣串成之道也，習者要知之（圖15）。

圖15　青龍轉身

【注釋】

①帶：原文「代」誤，據文意改為「帶」字。後同，不另注。

第十章　乾卦獅形學

乾卦者，天之象也。獅子掌者，拳之式也。乾者健也，陽之性也，三畫卦之名也①。

乾以形體言謂之天，以性情言謂之乾。其於物也，則為獅形，其物最嚴烈，其性最勇猛，能食虎豹之獸，有抖毛之威。

以拳式之用言，則有金龍合口之式，有獅子張嘴之形，有白猿拖刀之法。在腹內則為氣，能資始萬物②。在拳中，則為獅子掌，能萬法開端。

此式以兩手極力伸出，內外上下一氣，有乾三連之象③，又有起首三點之式，故取象為乾卦。其拳順，則周身血脈舒暢，氣力倍增；其拳謬，則乾遇震，

而拳中不能無妄④。乾臨坤，而心竅亦不能開通矣⑤。學者於此，尤加謹焉。

【注釋】

①乾卦者……三畫卦之名也：乾卦為陽、為天、為剛、為健、為君、為父、為首、為馬等象徵，其符號為三陽爻組成，故謂之「三畫卦之名也」。在拳中推演為象徵剛健之獅形，故名為「獅子掌者」。

②在腹內則為氣，能資始萬物：乾卦象徵人體內之先天元氣，是四肢百骸各個器官的根元（即根源、根本）和原動力。《周易・乾卦》「大哉乾元，萬物資始」。

③有乾三連之象：乾卦的拳式是兩手極力伸出，內外上下一氣，象徵乾卦符號三陽爻（乾卦☰稱乾三連，坤卦☷稱坤六斷），故謂之「乾三連之象」，即獅子張嘴之拳式。

④無妄：六十四卦之一，乃乾卦與震卦相疊則為「無妄」（䷘）卦，故謂之「乾遇震」。《周易・無妄》：「無妄，元亨利貞。其匪正有眚，不利有攸

往。」其意為：無妄乃卦名，曲邪謬亂謂之妄，無妄即無曲邪謬亂之行。此卦是內動外健的形象，非常吉祥，乃偉大、亨通、祥和、堅貞四德具備，當有望外的福。然所行非正，動機不純，則有災禍弊害，前進不利。在這裡指練拳不得其法，謂之「謬」，就像不能得「無妄」卦那樣，拳雖好，但所行非正，反而有害。

⑤乾臨坤，而心竅亦不能開通矣：乾卦與坤卦相疊則是六十四卦之「否」（☰☷）卦。《周易・否卦》：「否之匪人，不利君子貞，大往小來。」乃黑暗閉塞之象，象徵天地不交、萬物不通，內柔外剛、外強中乾等不祥。在這裡指練拳謬誤，就像否卦之象而心竅不能開通。

第一節　乾卦學青龍轉身

起點以兩儀左式，先將右足走在前邊（圖16）。

第二節　乾卦學青龍縮尾

隨後即將左足再邁至前邊，將足尖往裏扣勁，落下與右足尖相齊，兩足尖相離遠近亦二三寸許。兩足後根均往外扭勁，兩胯裏根均往裏抽勁，腰塌住勁（圖17）。

第三節　乾卦學青龍返首

再將右手伸直往外擰勁，擰至手心往外。

圖16　青龍轉身

圖17　青龍縮尾

右足亦隨右手往外擰時，一齊往外擺去，足尖要直著，與右手上下相齊。兩肩微有往回縮勁之意（圖18）。

第四節　乾卦學黑虎出洞

再邁左足時，兩手腕均往裏裹勁，裹至兩手心朝上，左手仍靠著右肋，左足落至與右足尖相齊。

兩足扭勁，塌腰，兩胯裏根抽勁，兩肩裏根縮勁均如前。兩足遠近相離亦如前（圖19）。

圖18　青龍返首

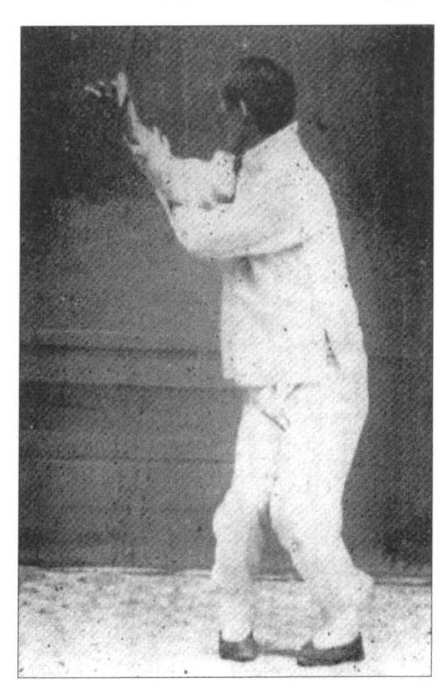
圖19　黑虎出洞

第五節　乾卦學獅子張嘴

再走仍先走左足，左手與左足走時同時往右胳膊下邊往平直穿去，與右胳膊成一丁字形。右手仍往裏裹著勁在面前二三寸許，手直往上穿去，兩足如同走路相似走去，左手心朝上，隨著往外如畫平圓圈之意，畫至食指直對圓圈空虛中處為度。

右手與左手，亦一齊手腕往外極力擰勁，擰至手心朝上，右胳膊靠著右耳處，如單手往上舉物之意。兩手虎口上下相對，兩手如托一長桿①之形。兩肩往下垂勁，又往外開勁，兩足隨走，左手連往外畫，右手帶往上托腰，隨著左手往外扭勁，兩眼仍看前手食指梢（圖20）。

圖20　獅子張嘴

【注釋】

①長杆：原稿「捍」誤，改為「桿」。

第六節　乾卦學獅子張嘴

再換右式，步法、諸處之勁法無不與左式相同，學者當自悟之。

自此以下諸掌之式，每逢起點時，均以兩儀單換掌左式起點，但左右式皆能起點，惟因初學習之人不明其理，故不能不有一定之規模，俟習熟之後無論何式，皆能互相聯絡，貫通而練之者也。習者要知之（圖21）。

圖21　獅子張嘴

第十一章　坤卦麟形學

坤卦者，地之象也。返身掌者，拳之式也。坤者順也，陰之性也，六畫卦之名也①。

坤以形體言，謂之地；以性情言，謂之坤。其於物也，則為麟形，其物為仁獸也，則有飛身變化不測之功。

以拳式之用言，則有麒麟吐書之式，大鵬展翅之法，有白鶴獨立之能，有順勢返身旋轉之靈。以拳之形式言，謂之返身掌。

此拳以兩手含住，返身轉去，內外上下和順，有坤六斷之形②，故取象為坤卦。其拳順則身體輕便快利，轉去如旋風。其拳謬，則腹內不能空虛，而身體亦不能靈通矣。學者加意研究，靈巧妙用由此而出焉。

【注釋】

①坤卦者……六畫卦之名也：坤卦為地、為陰、為順、為藏、為母、為腹、為牛等象徵，其符號為三陰爻組成，即☷，故謂之「六畫卦之名也」。在拳中推演為仁獸之麟形，其拳式命名為「返身掌」。

②有坤六斷之形：此掌法之形式，乃兩手含住，返身轉去，內外上下和順，有坤卦符號的形象。坤卦符號☷稱之坤六斷。

第一節　坤卦學青龍轉身

起點以兩儀單換掌式，先將右足邁至前邊落下，即將兩胯裏根往回抽勁，腰塌住勁，頭往上頂住勁，身子似有往下縮勁之意（圖22）。

圖22　青龍轉身

第二節　坤卦學麒麟回首

再將右足往右邊擺回，右手與右足擺時，亦同時往裏裹勁，裹至手心朝上。左手仍靠著身子在右胳膊下邊。兩胯裏根亦均往回抽勁（圖23）。

第三節　坤卦學麒麟轉身

左足亦即速往回邁，邁至與右足尖相齊，遠近相離亦二三寸許。

兩胯抽勁，兩肩縮勁，仍如前式，

圖23　麒麟回首

圖24　麒麟轉身

身微停（圖24）。

第四節　坤卦學大鵬展翅

即將右足往外擺，右胳膊仍挺勁，隨著身子一氣轉。

左足亦即速邁至右足處，不可落地，靠住右足裏脛骨，兩腿亦極力並住，腰亦塌住勁。右手與左足邁時，同時平著往外橫去（圖25）。

圖25　大鵬展翅

第五節　坤卦學麒麟吐書

左足再即速落下，與右足尖相齊，相離遠近仍如前。右手與左足落時同時屈回，手心朝下，胳膊如半月形式，隨即將左手望著右肘後邊穿去。微停（圖26）。

第六節　坤卦學右式麒麟吐書

即將右肘往裏裹勁，裹至手心朝上，再走時仍與兩儀右一圖青龍轉身式相同，再換左式，與換右式手法、步法、勁式亦均皆相同（圖27）。

圖26　麒麟吐書

圖27　麒麟吐書

第十二章　坎卦蛇形學

坎卦者，水之象也①。順勢掌者，拳之式也。坎者陷也②，坎得乾之中陽，陽陷陰中，陽入而生潮，有坎中滿之象③，故居正北水旺之方④。其於物也，則為蛇形⑤，其物最毒，其性最玲瓏，最活潑者也。有撥草之能。

以拳式之用言，則有白蛇吐信之法，有雙頭蛇纏身之巧。以拳之形式言，謂之順勢掌。此拳外柔順，而內剛健，有丹田氣足之形，內外如水，曲曲順流，無隙而不入，故取象為坎卦。

其拳順，則丹田之氣足；丹田氣足，則道心生；道心生，則心中陰火消滅，而無頭眩目暈之患矣。其拳謬，則腎水虛弱，心火不能下降，頭暈眼黑必

不免矣。

按此拳有點穴之法，式中有單指按點之術，此式單指按點之穴處在兩腋窩。點法之意，如同禽鳥兩翅窩之穴坑，兩指一⑥攝，頃刻而亡。

此法可知而不可專用，百行以德行為先，德行者，知毒法而不用，有不忍禍人之心，不獨此穴為然，凡諸穴能致人死者，皆當慎用，如心口、小腹、臍門、耳後、腦海、嗓喉、後脊背、兩腎腰、穀道、兩手脈窩數穴，以及雙指點、單指點、肘點、膝點、足點、掌印點、斫點，勿論如何點法，輕者可以傷身，重者可以致命。凡知此術者，萬不可輕用。

余聞吾師程先生曰：「點術之法，不可專用，專用必損陰騭。」諺語云：「己不用毒於人，人亦不用毒於我。」所謂中找中，和找和，天理循環之數，是此意也。且此拳點法，非口傳授受，功夫純熟者，不能用。

余說此穴，不過略言大概情形。若論麻穴、死穴其中之數目，有三十六者，有七十二者，共百有八之說。《少林拳術秘訣》論之詳矣，余不必再贅。

余作此書，為開心竅，明心性，強筋骨，壯腦力，得其中和之性質為宗旨。毒手用之於他人者，百分之中有一，尤必出於不得已也。

【注釋】

①坎卦者，水之象也：《周易・說卦傳》：「坎為水、為溝瀆、為隱伏、為矯輮、為弓輪。」意為坎卦是水的象徵。

②坎者陷也：《周易・說卦傳》：「坎，陷也。」坎為水，水存於窪陷之處，故坎為陷。又說「坎卦（☵），一陽陷在二陰中間，象徵險陷」。

③坎得乾之中陽，……有坎中滿之象：坎卦中間一爻是陽爻，乃乾卦之爻，即坎得乾之中爻，謂之「坎得乾之中陽」。坎卦中間一爻是陽爻，上下皆陰爻，謂「陽陷陰中」。《周易・說卦傳》：「為通、為月……」坎為水，水流通暢，故為通。水流於窪陷之中其符號是一陽在兩陰之中，故謂「坎中滿」之象。

④故居正北水旺之方：《周易・說卦傳》：「坎者，水也，正北方之卦也。」《說卦》以八卦配八方，坎為正北方，故謂「正北方之卦也」。金木水火

布於四方，水布於北方，即北方任癸水，故謂「居正北水旺之方」。

⑤其於物也，則為蛇形：坎卦在拳中取象推演為蛇形。

⑥一：原文「以」誤，據文意改為「一」。

第一節　坎卦學青龍轉身

起點兩儀單換掌左式，先將右足往前落下（圖28）。

圖28　青龍轉身

第二節　坎卦學白蛇吐信

再將左足尖往外擺，與右足成為錯綜八字形式，如圖是也（圖29）。

第三節　坎卦學白蛇纏身

隨後即將右足極力扣著邁去，與左足尖相齊，兩足尖相離遠近亦二三寸。右手與右足邁時同時屈回，肘向外，胳膊如半月形，手自頭上望左肩落下停住。

左胯裏根極力往回抽勁，腰如擰繩子相似，與左胯抽勁時，一齊擰去。左手仍靠身子，在右胳膊裏根下邊，爾時①右胳膊在上，左胳膊在下，挨住，微停。外形似合，腹內略有空虛之意，不

圖29　白蛇吐信

圖30　白蛇纏身

可有一物潛在心中（圖30）。

【注釋】

①爾時：原文「而時」誤，當作「爾時」，表明在那個時候或在這個時候。

第四節　坎卦學白蛇伏草

即速兩手前後分開，與雙換掌兩手撐開之勁相同。左足與兩手分時，同時邁至前邊，足落下，足尖微往裏扣著之意。

腰塌住勁，小腹放在左邊大腿根上，兩肩抽勁、兩胯裏根縮勁均如前（圖31）。

圖31　白蛇伏草

第五節　坎卦學黑虎出洞

兩手一齊再往裏裹勁，裹至手心朝上，靠著身子，再往左胳膊根窩下邊穿去。右足與右手同時邁至前邊，與左足尖相齊。兩足尖相離遠近、兩肩兩胯抽勁亦均如前（圖32）。

第六節　坎卦學青龍轉身

再往前走仍是青龍轉身之式（圖33）。

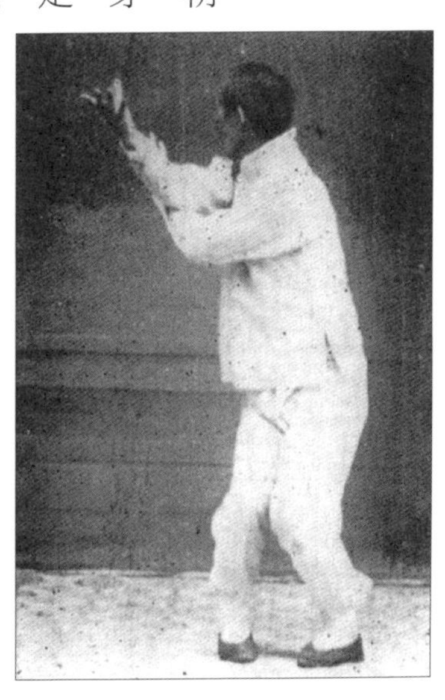

圖32　黑虎出洞

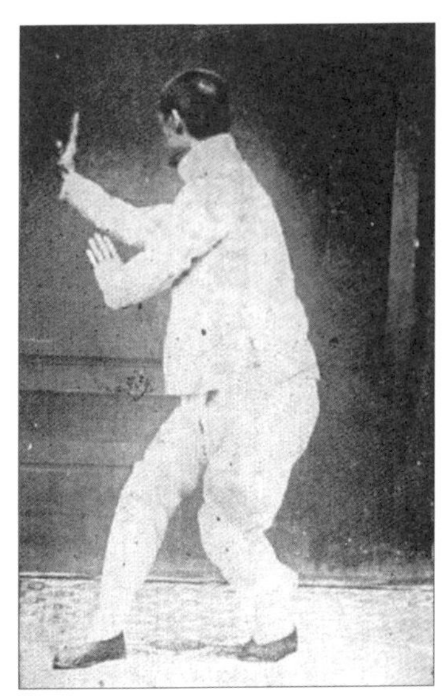

圖33　青龍轉身

第十三章　離卦鷂形學

離卦者，火之象也①。臥掌者，拳之式也。離者麗也②，離得坤之中陰，陰麗陽中，陰借陽而生明，故居正南火旺之方③。

其於物也，則為鷂形④，其物有入林之速，有翻身之巧。以拳式之用言，則有按點斫之法⑤。

此拳亦為大蟒翻身之式，亦有入洞之能。以拳之形式言，謂之臥掌。此拳則外剛健，而內柔順，心中有空虛之象，故取象為離卦⑥。

其拳順，則心中虛靈而人心化，人心化則玄妙生矣。其拳謬，則心中愚昧不明，而拳中之神化不能得矣。故學者勉力格致，誠意作去，以開心中愚滯，自得神化之妙道矣。

【注釋】

①離卦者，火之象也：《周易．說卦傳》：「離為火，為日，為電……」即離卦是火，象徵太陽、閃電。

②離者麗也：《周易．說卦傳》：「離，麗也。」麗，附也。離為火，火必附麗於可燃之物，故離為麗。

③離得坤之中陰……故居正南火旺之方：離卦☲，一陰在二陽中間，陰爻乃坤卦之爻，故謂「離得坤之中陰」。「陰麗陽中」即陰依附陽中。離為火、為日、為電，皆是光明之物，一陰依附兩陽成離卦，才有此光明，故謂「陰借陽而生明」。

《周易．說卦傳》：「離也者，明也，萬物皆相見，南方之卦也。」《說卦》以八卦配八方，因離卦象徵光明，當日正當中時，是代表南方的卦，故曰「南方之卦也」。離為火，是代表南方的卦，金木水火佈於四方，而火佈於南

方，即南方丙丁火，故謂「居正南火旺之方」。

④其於物也，則為鷂形：《周易・說卦傳》：「離為雉。」在拳中則推演為鷂形。

⑤則有按點斫之法：指按點、斫點兩種點穴之法（斫：音ㄓㄨㄛˊ）。

⑥此拳則外剛健……故取象為離卦：此拳外剛內柔，心中空虛，正像離卦外陽內陰，陽氣在外，內部空虛，故取象為離卦。

第一節　離卦學青龍轉身

起點以兩儀單換掌左式，右足在前（圖34）。

第二節　離卦學青龍縮尾

即將左足邁至前邊，與右足尖相齊，兩足尖遠近相離亦二三寸許（圖35）。

圖34　青龍轉身

圖35　青龍縮尾

第三節 離卦學青龍返首

再將右足往外擺，右手與右足亦同時往外擰勁，擰至手心朝外（圖36）。

圖36 青龍返首

第四節 離卦學大蟒翻身

左足再往前邁，落下仍與右足尖相齊。左手與左足邁時，亦同時順著右肘下邊，手心朝上穿去，穿至極處。右手腕往外擰著勁，亦與左手同時自頭上過去，胳膊雖然屈著，內中含勁如直著之意。

腿極力往上抬，腳面挺著勁。右胳膊再伸直，手心朝裏裹勁，手腕如抖勁之意，裹至手心朝上。左手腕與右手亦同時極力往外擰勁，擰至手心朝外，兩手要一氣著。左手穿時，身子要有往下縮勁之意。

右邊身式如彎弓之形，身式雖然有屈形，而腹內總是中正空虛之意。身式高矮量己之功夫大小習練可也。身式似停而未停之時（圖37）。

第五節　離卦學青龍返首

即將右足往外擺著落下，右手與右足擺時，亦同時往外擰勁，擰至手心朝外。左手與右手擰時，亦同時往裏摟回在左肋，摟至手心朝上（圖38）。

圖37　大蟒翻身

圖38　青龍返首

第六節　離卦學黑虎出洞

再穿左手邁左足（圖39）。

第七節　離卦學青龍轉身

再往前走步，與單換掌右式相同（圖40）。

第八節　離卦學右式

再換右式，與練左式，身式步法諸處之勁均皆相同。

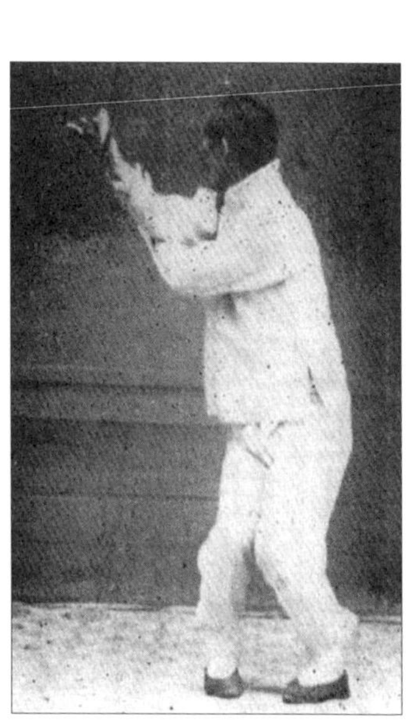

圖39　黑虎出洞

圖40　青龍轉身

第十四章　震卦龍形學

震卦者，雷之象也①。平托掌者，拳之式也。震者，動也②。震得乾之初陽③，初陽主生長④，居正東木旺之方⑤。其於物也，則為龍形⑥，其物為鱗蟲之長，有搜骨之法，有變化不測之功，有飛騰之象。

以拳式之用言，則有烏龍盤柱之法，有青龍戲珠之能。以拳之形式言，謂之平托掌。此拳外靜而內動，丹書云：「靜中求動之象」，又一陽初動之意⑦，故取象為震卦。

其拳順，則肝氣舒和；其拳謬，則肝旺氣努，而身體不能入於卦爻九二之中和矣（九二者，拳體內之中氣也）。學者於此勉力求和，而無肝氣沖目之患矣。

【注釋】

①震卦者，雷之象也：《周易·說卦傳》：「震為雷，為龍……」震卦象徵雷、龍。

②震者，動也：《周易·說卦傳》「震，動也」。震為雷，雷能自動，又能動萬物，故震為動。

③震得乾之初陽：《周易》將卦的符號最下一爻稱初，震卦（☳）最下一爻是陽爻，是乾卦的爻，故謂「震得乾之初陽」。

④初陽主生長：震卦（☳）是象徵大地的坤卦（☷），由最下方發生一陽，使大地震動；也有陰陽交合，發生雷電；又有純陰的母親的坤卦，與純陽的父親的乾卦，首次交媾得子的形象；又「萬物出乎震」，出者，生也。故謂「初陽主生長」。

⑤居正東木旺之方：《周易·說卦傳》：「萬物出乎震，震東方也。」《說卦》以八卦配八方，震為東方，故謂「震，東方也」。金木水火佈於四方，

木佈於東方，即東方甲乙木，故謂「居正東木旺之方」。

⑥其於物也，則為龍形：《周易．說卦傳》：「震為龍。」在拳中震卦即取象於龍形。

⑦又一陽初動之意：《周易》震卦最下一爻謂之「初」，震卦☳由二陰的下方出現一陽，象徵活動，故謂「一陽初動」。

第一節　震卦學青龍轉身

起點以兩儀單換掌左式，右足在前（圖41）。

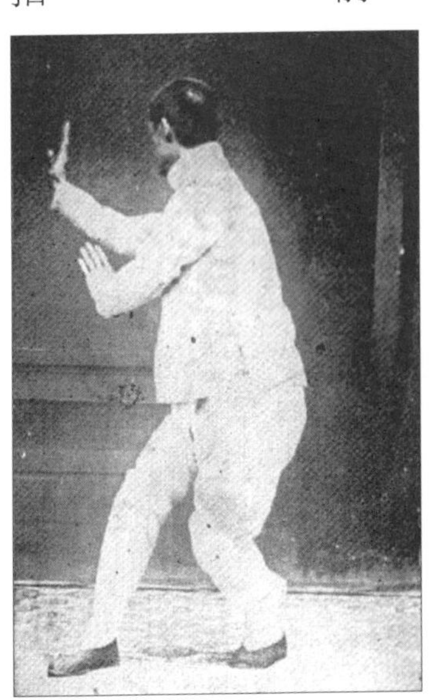
圖41　青龍轉身

第二節　震卦學青龍縮尾

即將左足往前邁去，極力往裏扣

勁，落下與右足尖相齊，相離遠近與前扣足相同（圖42）。

第三節　震卦學青龍返首

再將右手往外擰勁，擰至手心朝外，右足尖與右手同時往外擺，手足上下相齊（圖43）。

第四節　震卦學黑虎出洞

左足再往前邁去，與右足尖相齊，相離遠近仍如前。

圖42　青龍縮尾

圖43　青龍返首

兩肩縮力，兩胯裏根均抽勁，腰塌住勁，即將左右兩手均往裏裹勁，裹至手心朝上，左手靠著身子往平著穿去，與右胳膊成為丁字形式（圖44）。

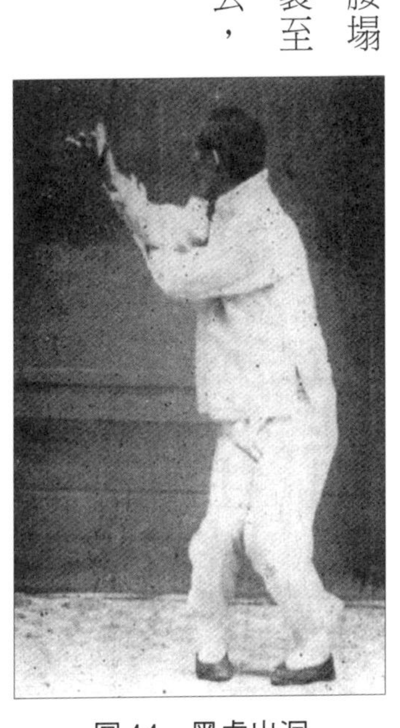
圖44 黑虎出洞

第五節 震卦學青龍飛升

隨後再邁左足走去。兩手在兩足走時，兩手心朝上平著伸直，往左右分開，如畫半圓形式。左手往左邊分，右手往右邊分，分至兩手左右如同一條直線，手心仍朝上著，亦如托著兩碗水相似。

左手食指仍與圓圈當中相對，兩眼仍看著左手食指梢，兩肩往下垂勁，又往外開勁，兩胯裏根抽勁，頭往上頂住勁，腰隨著左手擰勁，走時周身要一氣，諸處之勁要均勻，不可有過不及之病。

身子高矮隨人之功夫為定，不可免強①而行，如此腹內可能心氣和平，肝氣舒暢，身子行之如流水一律蕩平矣（圖45）。

圖45　青龍飛升

【注釋】

①免強：即勉強。

第六節　震卦學右式

再換式仍與左式相同。

第十五章　艮卦熊形學

艮卦者，山之象也①。背身掌者，拳之式也。艮者止也②。艮得乾之末陽，末陽主靜③，故居東北陽弱之方④。其於物也，則為熊形⑤，其性最鈍，其物最威嚴，有豎項之力。

以拳式之用言，則有靠身之勇，有拔樹之能，有抖搜之法。以拳之形式言，謂之背身掌。此拳上剛健，而中下柔順，有靜止之形，故取象為艮卦⑥。其拳順，則有氣根心生色，睟然現於面，盎於背，施於四體之意也；其拳謬，則丹田之陽，不能升於脊背，而胸內不能含合，心火亦不能下降矣。學者要知之。

【注釋】

①艮卦者，山之象也：《周易·說卦傳》：「艮為山，為徑路。」艮卦象徵山。

②艮者止也：《周易·說卦傳》：「艮，止也。」艮為山，山是靜止不動之物，故艮為止。

③艮得乾之末陽，末陽主靜：艮卦（☶）以陽爻終結，即最上（最末）一爻是陽爻，是乾卦之爻，故謂「艮得乾之末陽」。止者靜也，《周易·序卦傳》：「震者，動也，物不可以終動，止之，故受之以艮。艮者止也。」闡明前者動後者靜。艮卦（☶），是一陽在二陰的上方，陽已上升到極點，所以停止；又，艮卦是一陽，在象徵地的坤卦（☷）的最上方，是山的形象，也有止的意義，故謂「末陽主靜」。

④故居東北陽弱之方：《周易·說卦傳》東北之卦也，萬物之所成終，而所成始也。故曰：成言乎艮。《說卦》以八卦配八方，艮為東北，故曰：「東北

之卦也。」以八卦配四時，艮為冬末春初四十五日之季節，冬末是萬物成其終之時，春初是萬物成其始之時，萬物始生，乃初陽。又，艮卦是東北方，在這一方位，正當黎明，黑夜即將過去，白天將臨，始陽未陽，故謂「居東北陽弱之方」。

⑤其於物也，則為熊形：《周易・說卦傳》：「艮為狗。」即艮卦有狗的象徵，在拳中按卦象推演為熊形。

⑥此拳上剛健……故取象為艮卦：熊形掌之所以取象為艮卦，是因這一掌法上剛健，而中下柔順，象徵艮卦（☶），上剛而中下柔，有靜止之形。

第一節　艮卦學青龍轉身

起點以兩儀單換掌左式，右足在前

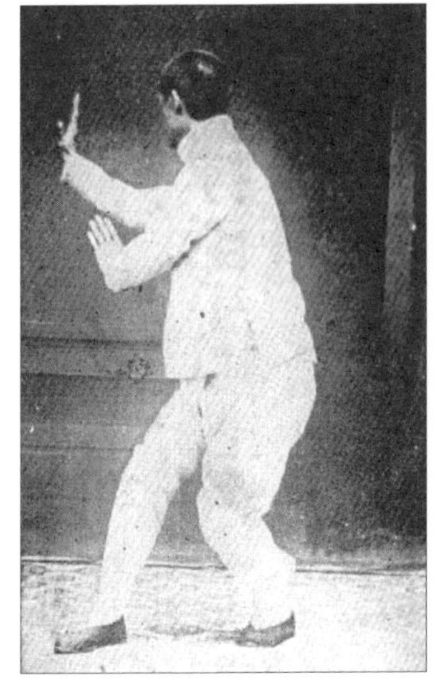

圖46　青龍轉身

（圖46）。

第二節　艮卦學青龍縮尾

先將左足邁至與右足尖相齊，兩足尖相離遠近二三寸許（圖47）。

第三節　艮卦學青龍返首

隨後將右手往外擰，擰至手心朝外，右足與右手同時往外擺（圖48）。

圖47　青龍縮尾

圖48　青龍返首

第四節　艮卦學黑熊返背

再左手心朝上，望著右胳膊裏曲上邊穿去。左足與左手同時，邁至與右足尖相齊。左手穿至極處，再極力往外擰勁，擰至手心朝外。右手與左手擰時，亦往裏裹勁，裹至手心朝裡，再與左手一齊均往外擰勁，右手心再靠著口極力往外穿去，中指與食指如同自口中出去之意（圖49）。

圖49　黑熊返背

第五節　艮卦學黑熊探掌

右腿等右手到口時，一齊抬起，足尖極力往上仰勁。右肘與右膝相挨，兩

肩抽著勁，兩胯亦極力縮住勁，左手往外擰，擰至手心朝上。頭頂住勁，胸內開著，氣沉丹田。

此式似停而未停（圖50）。

第六節　艮卦學青龍返首

即將右手腕往外擰，擰至手心朝外。右足與右手往外擰時，亦同時往外擺落下。將左手亦同時援回，援至手心朝上（圖51）。

圖50　黑熊探掌

圖51　青龍返首

第七節　兩儀黑虎出洞左式

再穿左手，邁步裹手勁法，仍是兩儀黑虎出洞左式。

第八節　艮卦學青龍轉身右式

再走仍是青龍轉身右式。

第十六章　巽卦鳳形學

巽卦者，風之象也①。風輪掌者，拳之式也。巽者入也②。巽得坤之初陰③，初陰主潛進，故居東南陽盛之方④。其於物也，則為鳳形⑤，其物為羽蟲之長，有展翅之功。

以拳式之用言，則有點頭之式，有挾人之法，此拳亦為獅子滾球之形。以拳之形式言，謂之風輪掌。此拳上剛健，而下柔順，有風輪之形，故取象為巽卦⑥。

其拳順，則內中真氣散於四肢百骸，無微不至，而身式行之如風輪，循環無間之形矣。其拳謬，則元氣不能散佈於周身，譬之方軸圓輪，氣機不靈，身式不順，而先後天之氣不能化一矣。故學者於此拳中，務加意勤習焉。

【注釋】

①巽卦者，風之象也：《周易．說卦傳》：「巽為木，為風……」巽是風的象徵。

②巽者入也：《周易．說卦傳》：「巽，入也。」巽為風，風吹萬物，無孔不入，故巽為入。

③巽得坤之初陰：巽卦（☴）最下（初）一爻是陰爻，是坤卦的爻，故謂「巽得坤之初陰」。

④故居東南陽盛之方：《周易．說卦傳》：「巽，東南也。」《說卦》以八卦配八方，巽為東南方，故曰：「巽，東南也。」因為巽卦代表東南方，這時太陽已升起，使萬物鮮明，故謂「居東南陽盛之方」。

⑤其於物也，則為鳳形：《周易．說卦傳》：「巽為雞。」按拳式推演為鳳形。

⑥此拳上剛健……故取象為巽卦：此掌法上剛健，下柔順，有巽卦（☴）上陽下陰之象，故取象為巽卦。

第一節　巽卦學青龍轉身

起點以兩儀單換掌左式（圖52）。

第二節　巽卦學青龍縮尾

再右足在前，即將左足邁至前邊落下與右足尖相齊（圖53）。

第三節　巽卦學獅子抱球

再穿左手時，與右獅子掌式相同，

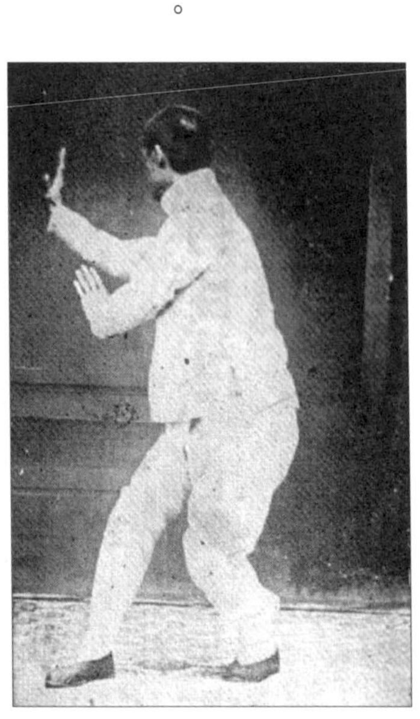

圖52　青龍轉身

圖53　青龍縮尾

各處之勁亦相同，惟兩手心要相對，如抱著大圓球相似。左手右手食指均與圓圈中虛處相對，如圖是也（圖54）。

第四節　巽卦學獅子滾球

換左式時，先扣右足與左足尖相齊，再往外擺左足。兩手如抱著圓球成為一氣，左手隨著左足擺時，往下落如畫圓形（圖55）。

第五節　巽卦學獅子翻身

再左手自下往上起，亦如畫圓形。

圖54　獅子抱球

圖55　獅子滾球

右足再往前邁，仍與左足尖相齊。右手隨著右足邁時與左手一氣往下落，與右足相齊，左手再與右手一氣隨著往上抬，高與頭頂平（圖56）。

第六節　巽卦學獅子伏地

隨後左足再往外邁去，左手心朝裏著往下落，亦如畫圓形，隨著左足邁時，同時畫去；右手自下往上來，亦如畫圓形。兩手形式，如雙換掌六式略相同。彼式是兩手心朝外，此式兩手心相對，所以兩式略相同耳（圖57）。

圖56　獅子翻身

圖57　獅子伏地

第七節　巽卦學獅子抱珠

再走步時，兩手亦如穿獅子掌之形式，但右手自下往上，如畫圓形，與左手仍如一氣抱著大圓球之意。兩足隨走，兩手隨畫，亦如穿手之意。穿至兩手食指，亦與圓圈中虛處相對為準則，如圖是也（圖58）。

圖58　右式獅子抱珠

或曰：因何畫手與穿手之意相同，譬如兩手抱著大圓球，再練四象雙換掌、穿手、換手、摟手，似乎與此式大相懸殊，其實風輪掌就是雙換之式，手法、足法、勁法無不相同，只因一是兩手靠著身子，穿手、換手，一是穿法、換法，兩手伸開如抱大圓球與風輪相似。因此二卦形式不同，所以分為二式也。再換式，手法步法身法與換左式相同。

第十七章　兌卦猴形學

兌卦者，澤之象也①。抱掌者，拳之式也。兌者，說也②。兌得坤之末陰③，末陰主消化，故居正西金旺之方④。其於物也，則為猴形⑤，其物最靈巧者也，有縮力之法，有縱山之靈。

以拳式之用言，則有白猿獻果之形，有猴兒啃桃之法，有龍蹲虎踞之式。以拳之形式言，謂之抱掌，此拳上柔順，而中下剛健，有縮短之形，故取象為兌卦⑥。

其拳順，則肺氣清潤；其拳謬，則肺氣不和，至於氣喘咳嗽諸症，而不能免矣。學者深思悟會，而求肺氣清順焉。

【注釋】

①兌卦者，澤之象也：《周易・說卦傳》：「兌為澤，為少女……」兌卦（☱）陰爻在上方，形似水蓄積成澤，故有澤之象。

②兌者，說也：《周易・說卦傳》：「兌，說也。」說借為悅。兌澤，湖也。水草生於澤，魚游於澤，鳥飛於澤，獸飲於澤，人取養於澤，澤為萬物所悅，故兌為悅。另說：兌卦（☱），一陰在討好二陽，象徵喜悅。

③兌得坤之末陰：兌卦最上（末）一爻是陰爻，是坤卦之爻。謂「兌得坤之末陰」。

④故居正西金旺之方：以八卦配八方，兌為西方（《說卦》未言）。金木水火佈於四方，金佈於西方，即西方庚辛金，故謂「居正西金旺之方」。

⑤其於物也，則為猴形：在拳中兌卦推演為猴形。

⑥此拳上柔順……故取象為兌卦：此掌法上柔順，中下剛健，象徵兌卦（☱）上陰而中下陽，故取象為兌卦。

第一節　兌卦學青龍轉身

起點以兩儀單換掌左式，右足在前（圖59）。

第二節　兌卦學青龍縮尾

即將左足邁至前邊落下，與右足相齊（圖60）。

第三節　兌卦學青龍返首

再將右足尖往外擺，右手與左足同

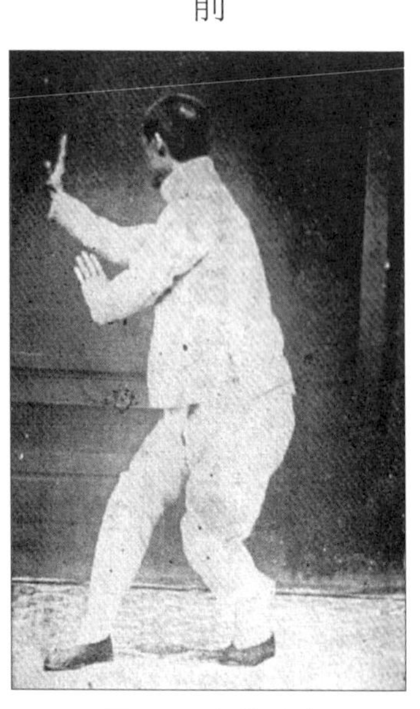

圖59　青龍轉身

圖60　青龍縮尾

時往外擰勁，擰至手心朝外（圖61）。

第四節　兌卦學黑虎出洞

再將左足邁至前邊，仍與右足尖相齊。兩肩縮勁，兩胯裏根抽勁，腰塌住勁，兩手皆極力往裏裹勁，裹至手心朝上，左手靠著身子，自右胳膊下邊穿至極處（圖62）。

第五節　兌卦學白猿獻果

再邁左足，兩手亦極力往外開勁，兩肘亦極力往一處抱勁，抱至兩肘相

圖61　青龍返首

圖62　黑虎出洞

併，兩肘又靠著身子，兩手在前，高矮與胸齊，兩手又如托著物一般。兩肩極力往回縮勁，兩手又一氣抱著往前推勁，兩足隨走，兩手隨抱。腰極力往左邊擰勁，兩眼望著左手食指看去（圖63）。

第六節　兌卦學白猿獻果

再換左式，與換右式相同（圖64）。

【注釋】

①原文「右式白猿獻果」誤，改為「左式」。

圖63　白猿獻果

圖64　左式白猿獻果①

第十八章　八卦先後天合一式說

《周易闡真》曰：先天八卦，一氣循環，渾然天理，從太極中流出，乃真體（眞體者，即丹田生物之元氣，亦吾拳中之橫拳也）未破之事。後天八卦，分陰分陽，有善（善者，拳中氣式之順也）有惡（惡者，拳中氣式之悖也），在造化中變動，乃真體已虧之事。真體未破，是未生出者（未生出者，即拳中起躦落翻未發之式也）須當無為①（無爲者，無有惡爲），無為之妙，在乎逆中行順，逆藏先天之陽，順化後天之陰，歸於未生以前面目（即拳內陰陽未動以前形式），不使陰氣有傷真體也。

真體有傷，是已生出者（即拳起躦落翻，發而不中也）須當有為（有善有

惡之爲），有為之竅，在乎順中用逆，順退後天之陰，逆返先天之陽，歸於既生以後之面目（即拳中動靜正發而未發之間之氣力也），務使陽氣還成真體也（即還於未發之中和之氣也），先天逆中行順者，即逆藏先天陰陽五行，而歸於胚胎一氣之中（即歸於橫拳未起之一氣也），順化後天之陰，而保此一氣也（保一氣者，不使橫拳有虧也）。後天順中用逆者，即順退已發之陰，歸於初生未發之處，返出先天之陽，以還此初生也。陽健陰順，復見本來面目，仍是先天後天兩而合一之原物，從此別立乾坤，再造爐鼎②，行先天逆中行順之道，則為九還七返③大還丹④矣。

今以先天圖移於後天圖內者，使知真體未破者，行無為自然之道，以道全形，逆中行順，以化後天之陰；真體已虧者，行有為變化之道，以術延命，順中用逆，以復先天之陽，先後合一，有無兼用，九還七返，歸於大覺，金丹之事了了。再以金丹分而言之。金者氣質堅固之意，丹者周身之氣圓滿無虧之形，總而言之，拳中氣力上下內外如一也，此為易筋之事也。今借悟元子先後八卦合一圖，以明拳中拙勁歸於真勁也。

【注釋】

①無為：「無為」是《老子》的重要概念之一，原指凡事順其自然，而不加以不必要的干預；但無為並非不為，不過要為而不爭。道教沿襲了道家的無為觀並有所衍化。魏晉以後，「無為」成為道士全身和修仙的基礎，強調「無為事主，無為事師，寂若無人，至於無為」，以求全身、去危、離咎。因為欲求無為，先當避害，要「遠嫌疑，遠小人，遠苟得，遠行止。愼口食，愼舌利，愼處鬧，愼力鬥。常思過失，改而從善」。《抱朴子內篇・論仙》稱：「仙法欲靜寂無為，忘其形骸。」後世之內丹家更以金丹術為「無為」，《尊樞》引《大丹篇》云：「無為之道莫過乎金丹，得道必由乎金符焉。」在這裡乃借內丹術語，引申於拳功理論之中，意即文中所述。

②再造爐鼎：內丹家將人體的某些部位比作燒煉鉛、汞等礦石的煉外丹的爐鼎。若達到先後天合一，人體等於到另外一個天地，又像重新造了一個人體，

故謂之「別立乾坤，再造爐鼎」。

③九還七返：內丹家稱元神為陽，稱元精、元氣為陰，對心、肝、脾、肺、腎等臟器，分別以火、木、土、金、水名之。認為心在上，屬火，卦象為離；腎在下，屬水，卦象為坎。心之下，腎之上，約在臍下一寸三分處，有一腔，名「氣海」，或名「下黃庭」「下丹田」，就是煉丹的處所。

煉丹就在於心腎相交，取坎中之陽，塡離中之陰；以坎水濟離火，使順置的火水「未濟」交成顛置的水火「既濟」，即「甘露降時天地合，黃芽生處坎離交」。

「甘露」指先天一氣，從泥丸下降；「黃芽」指丹母，從丹田而生，上下交凝，即成聖胎，此之謂丹熟。此腎心相交，神、氣相融，則因腎屬水，而金生水，西方屬金，河圖數九；心屬火，而木生火，東方屬木，河圖數七，因此煉神還虛也叫作「九還七返」。拳之內功皆按此理，故借內丹之語。

④還丹：指以「返本還元」為目的而進行自我鍛鍊而取得的成果的代稱。

但不同功法所謂「還丹」的內容是不同的。最早提出「還丹」名稱的是東漢魏伯陽，他在《周易參同契》中說：「金來歸性初，乃得稱還丹。」意謂行功時，只要能煉到「金來歸性初」，就可說是煉成了還丹。《鍾呂傳道集》中，將還丹分為「小還丹」「大還丹」「七返還丹」「九轉還丹」「玉液還丹」「金液還丹」「下丹還上丹」「上丹還中丹」「陽還陰丹」等還丹。煉到還丹，體內會出現各種景象。

第十九章 八卦先後天合一圖

圖65 八卦先後天合一圖

第二十章　八卦先後天合一圖解

起點練法，仍照前者法則習之，但預知先後天合一之理，內外卦歸一之式。二者判別，且能使先天為後天之體，後天為先天之用，無先天則後天無根本，無後天則先天不成全。其理雖有先天為之本，然無外式之形，只能行無為自然之道，不能習之以全其體也。若使之先天健全，即借後天有形式之身，以行有為變化之道，則能補全先天之氣也。

但拳術未習熟時，似乎有分順伸逆縮，判而為二之意。其實是先天後天氣力不符，故有分而為二之理。且以拳術之理分而言之，則為先後天；合而言之，則為渾然一氣。

今以先天而言，則為拳中無形之勁，謂之性。性即身中無形之八卦也，亦謂之先天。以後天而言，自有身形陰陽開合伸縮，生出四象。四象者，各有陰陽謂之情。情者，手足身體旋轉動作，即成有形之八卦也拳之八式，謂之後天。此是先後天分言，謂之開也。合而言之，人心即天理，天理即人心。

意者心之所發，身體四梢是意之所指揮也，則拳中之氣，身體手足聽其指揮，循著次序漸漸習去，自始至終無有乖戾之氣，則能盡其性矣。盡其性，則能復其未發意之初心。

但拳術初練時，四體之作用，不能盡合於力，力不能盡合於氣，氣不能盡合於意，似乎拳中伸縮有二式之別，若得其所以然，練習先後合一之理。惟其三害且莫犯，謹守九要而不失，則四體身形隨著意，照法實力作去，久之，四體手足動作可以隨意指揮，故能上下相連，手足相顧，內外如一，渾然天理，此時是先後天八卦合一之體也。

第二十一章　八卦陽火陰符形式注語

陽火陰符之理①（即拳中之明勁、暗勁也），始終兩段工夫。一進陽火（拳中之明勁也），一運陰符（拳中之暗勁也）。進陽火者，陰中返陽，進其剛健之德，所以復先天也②。運陰符者，陽中用陰，運其柔順之德，所以養先天也。進陽火，必進至於六陽純全③，剛健之至，方是陽火之功盡（拳中明勁中正之至也）。運陰符，必運至於六陰純全④，柔順之至，方是陰符之功畢（拳中暗勁和之至也）。

陽火陰符，功力俱到，剛柔相當，建⑤順兼全，陽中有陰，陰中有陽，陰陽一氣，渾然天理，圓陀陀（氣無缺也），光灼灼（神氣足也），淨倮倮（無雜氣也），赤灑灑（氣無拘也），聖胎完成，一粒金丹寶珠懸於太虛空中⑥，寂然不動，感而遂通；感而遂通，寂然不動。常應常靜，常靜常應。本良知良能面目，復還先天。一粒金丹吞入腹，始知我命不由天也（以上皆《周易闡眞》中語，因與拳術之理相合，故引之）。再加向上工夫，煉神還虛，打破虛空，脫出真身，永久不壞，所謂聖而不可知之之謂神。進於形神俱妙，與道合真之境矣。近日深得斯理者，吾友尚雲祥⑦，其庶幾乎。

【注釋】

①陽火陰符之理：進陽火，係指煉「小周天」功過程中，配合退陰符，以升降氣機、調和陰陽所應掌握的一種火候。拳功中之明勁功夫與此相當，道理相合，故借此語。運陰符也稱退陰符，也是指煉「小周天」功過程中，配合進陽火，以升降氣機、調和陰陽所應掌握的一種火候。拳功中的暗勁功夫與此相當，道理相合，故借此語。

②進陽火者……所以復先天也：進陽火是陰中返先天之陽，故謂「復先天也」。

③進陽火，必進至於六陽純全：「小周天」功的進陽火，是選在「六陽

時」中的子、丑、寅、辰、巳五陽時中施行（六陽時中的卯時，屬「沐浴」時刻，不進陽火）。然所講的六陽時，乃假借「天干、地支」的名詞以說明進度，而不是為進陽火需要十個小時（即地支五個時辰）；也不是必在晚上十一時至次日才開始進陽火（即子時是晚上十一點至次日一點）。

此處所說的子時是「活子時」，僅代表氣機發動後即當開始「進陽火」。推之所云，丑、寅、辰、巳乃為繼續進陽火的時刻。然在「卯酉周天」功的進陽火的操作與上述有別。由於進陽火是選在「六陽時」施行，故謂「進陽火，必進至於「六陽純全」。拳功中明勁功夫與此相當，道理相合，故引用此語。

④運陰符，必運至於六陰純全：「小周天」功的運陰符，是選在「六陰時」中的午、未、申、戌、亥等五陰時中施行（六陰時中的酉時，屬「沐浴」時刻，不運陰符），但所講的六陰時，是假借「天干、地支」的名詞以說明進度的，不是退陰符需要十個小時（即地支的五個時辰），也不是必在中午十一時才開始退陰符（即午時）。

此處所說的午時，是「活午時」，僅代表氣機升至頭頂泥丸完成「進陽火」

後應行退陰符火候的時刻，推之所云，未、申、戌、亥，乃為繼續退陰符的時刻。由於運陰符選在「六陰時」施行，故謂「運陰符，必運至於六陰純全」。拳功中暗勁功夫與此相當，道理相合，故引用此語。

⑤建：原文「建」疑為「健」，待考。

⑥一粒金丹寶珠懸於太虛空中：一粒金丹寶珠係指心腎相交，水火「既濟」，內丹煉成，謂「即成聖胎」，即謂「丹熟」（結成金丹）。內丹家認為達到這一步，就是「奪盡天地沖和之運，陰陽化機之妙」，從而達到重返本源，常駐永生。太虛：有許多解釋，在這裡指廣大的太空，《莊子・知北遊》：「不過乎崑崙，不遊乎太虛。」另外，由於天空清虛無形，天也可稱為太虛，「由太虛，有天之名」（《正蒙・太和》），這話的意思是，內丹煉成就像金丹寶珠懸於太空。引《周易闡眞》這些文字是借此比喻拳功練至出神入化則近乎與道合眞之境。

⑦尚雲祥：與孫祿堂先生同代的著名形意拳家，山東樂陵人，在京津授徒衆多，乃著名拳家李存義之高足。

第二十二章　八卦練神還虛注語

拳術之道，有功用之理，有神化之理。上言陽火陰符，是為功用，此言練神還虛，是為妙用。妙用之功，其法何在？仍不外乎八卦拳之式求之。故開合動靜，起落進退，生剋變化，以致無窮之妙，亦不離八卦。八卦不離四象，四象不離兩儀，兩儀不離一氣，一氣自虛無兆質矣。所以練神還虛之式者，與前所習之形式無異矣。惟手足身體，外形不要著力，俱隨意而行之。然身體亦並非全不用力，其勁不過極力往回縮去，意在蓄神耳。

外形身體手足，俱以意運用之。行之已久，身體氣力，化之似覺有若無，實若虛之意。每逢靜中動時，身子移出而不知己之動，則不知有己也。

每與他人比較時，伸縮往來飛騰變化，如入無人之境，而身體氣力自覺無動，是不知己之動，而靜則不知有彼也。夫若是，則能不見而章，不動而變，無為而成，至拳無拳，意無意，無形無象，無我無他，練神還虛，神化不測之妙道得矣。

吾友張玉魁①先生於練神還虛之道，可臻精諧，環顧宇內，其合繼張先生而起者乎，予日望之矣。

【注釋】

①張玉魁：係八卦掌名家程廷華之高足，孫祿堂先生同代人。

第二十三章　八卦拳神化之功練習借天地之氣候形式法

聞之吾師程先生曰：「得天氣之清者為之精（精者，虛也），得地氣之寧者為之靈（靈者，實也），二者皆得，方為神化之功。」學人欲練神化之功者，須擇天時、地利、氣候、方向而練之。

天時者，一年之中有陰陽二氣、四時八節、二十四氣，一氣分為三候，共七十二候。練時，陽日起點往左旋，陰日起點往右轉，大略言之，一日一換方向；詳細言之，一時一換方向。此為天時也。地利者，須擇山林茂盛之地，或寺觀莊嚴之處，或房屋潔淨之區，此謂地利也。

此理練法，是借天地之靈氣，受日月之照臨，得五行之秀美，而能與太虛

同體，是為上乘神化之功也。

且神化功用之實象者，則神之清秀，精之堅固，形色純正，光潤和美，身之利便，心之靈通，法之奧妙，其理淵淵如淵，而靜深不可測；其氣浩浩如天，而廣大不可量，如此是拳術精微奧妙神化之形容也。

如不知擇地利，借天時、氣候、方向，只可用氣力之功而習之，然久之功純，亦能變化不已，不過是氣力之所為耳。惟其不知天時、地利，故心中不能得著天地之靈秀也。大約天地間，凡物之美者，皆得天地之靈氣，受日月之孕育，而能成為至善之物也，拳術之道亦莫不然。譬之大聖賢，心含萬理，身包萬象，與太虛同體，故心一動，其理流行於天地之間，發著於六合之遠，而萬物之中，無物不有也，心一靜，其氣能縮至於心中，寂然如靜室，無一物所有，能與太虛合而為一體也。

或曰聖人亦人耳，何者能與天地並立也？曰因聖人受天地之正氣，率性修道而有其身，惟身體如同九重天，內外如一，玲瓏透體，無有雜氣攙入其中，心一思念，純是天理，身一動作，皆是天道，故能不勉而中，不思而得，從容中道，此聖人所以與太虛同體，與天地並立也。拳術之理，亦所以與聖道合而為一者也，其理既與聖道相合，學者胡不勉力而行之哉！

國家圖書館出版品預行編目資料

孫祿堂八卦拳學 ／ 孫祿堂 著
——初版，——臺北市，大展，2018〔民107.08〕
面；21公分 ——（武學名家典籍校注；8）
ISBN 978-986-346-217-0（平裝）
1.拳術 2.中國
528.972 107009290

孫祿堂 八卦拳學

著　　者／孫 祿 堂
校 注 者／孫 婉 容
責任編輯／王 躍 平
發 行 人／蔡 森 明
出 版 者／大展出版社有限公司
社　　址／台北市北投區（石牌）致遠一路2段12巷1號
電　　話／（02）28236031・28236033・28233123
傳　　眞／（02）28272069
郵政劃撥／01669551
網　　址／www.dah-jaan.com.tw
E - mail ／service@dah-jaan.com.tw
登 記 證／局版臺業字第2171號
承 印 者／傳興印刷有限公司
裝　　訂／眾友企業公司
排 版 者／弘益電腦排版有限公司
授 權 者／北京科學技術出版社
初版1刷／2018年（民107）8月

定 價／250元

大展好書　好書大展

品嘗好書　冠群可期